Christian Butt

Das Kirchenjahr

Materialien zu den Kirchenfesten
für die Klassen 3 bis 6
– mit interaktiven Lerneinheiten –

ISBN 978-3-7668-4596-2

Umschlaggestaltung: Karin Sauerbier, Stuttgart
Layout, Satz und Herstellung: Karin Class, Calwer Verlag
Druck und Verarbeitung: ONLINE**PRINTERS** GmbH, Fürth

Internet: *www.calwer.com*
E-mail: info@calwer.com

Inhalt

Bestandteil dieses Buches sind digitale Lerneinheiten zu jedem Kirchenfest (PDF) und Kopiervorlagen der Arbeitsblätter (PDF)

Download unter: (bitte Groß- und Kleinschreibung beachten)
http://www.calwer.com/cwv/download/Das_Kirchenjahr
Code: si4596FY27

Vorwort

Das Kirchenjahr bietet einen durchgehenden und zwanglosen, roten Faden durch das Schul- und Kalenderjahr. Diese Materialien möchten Sie im Unterricht unterstützen. Ohne viel zusätzlichen Aufwand ergeben sich hier Bezüge und Anknüpfungspunkte – die Kinder werden in ihrer Lebenswelt abgeholt. Es gibt Neues zu entdecken und gleichzeitig kann Bekanntes vertieft werden.

Die Kapitel orientieren sich an den wichtigsten Festen und Feiertagen und sind folgendermaßen aufgebaut:

- **Sachliches:** Nimmt Bezug auf die Texte aus dem Calwer-Geschenkheft „Warum hängt am Weihnachtsbaum kein Ei?“
- **Wissenswertes:** Bringt Traditionen, wichtige Bestandteile oder Texte/Lieder der Feste und Feiertage zur Sprache.
- **Vertiefendes:** Bietet weiteres, manchmal auch anspruchsvolleres Material, das noch ergänzende Aspekte zum Leuchten bringt.
- **Kreatives:** Ermöglicht, das Fest und den Feiertag mit anderen und manchmal ungewöhnlichen Methoden zu entdecken.
- **Aktives:** Fordert die Schülerinnen und Schüler zu einer Klassenaktivität heraus, die gut auch den Abschluss der Einheit darstellen kann.
- **Interaktive Einheiten zu jedem Kapitel:** Zu jedem Kapitel gibt es zudem eine interaktive Lerneinheit, die die Schülerinnen und Schüler auf Tablets, Handys oder Laptops selbstständig bearbeiten können. Sie eignen sich auch gut als Lernimpuls für Zuhause.

Bestandteil dieses Buches sind digitale Lerneinheiten zu jedem Kirchenfest (PDF) und Kopiervorlagen der Arbeitsblätter (PDF)

Download unter: (bitte Groß- und Kleinschreibung beachten)
http://www.calwer.com/cwv/download/Das_Kirchenjahr
Code: si4596FY27

Das Jahr / Das Kirchenjahr

Januar: Der Name stammt von Janus, dem römischen Gott der Türen und des Torbogens sowie Gott des Anfangs.

Februar: Der Name kommt vom lateinischen Wort „februare" und heißt „reinigen". Der Februar war bei den Römern der letzte Monat des Jahres, daher wurde am Ende des Jahres alles ausgekehrt und gereinigt. Der Karneval hat seinen Ursprung in diesen Reinigungsfesten.

März: Der Name kommt von dem römischen Gott Mars, der ursprünglich der Gott der Bauern war. Zu ihm wurde um Wachstum und Gedeihen auf den Feldern und im Stall gebetet.

April: Der Name kommt von dem lateinischen Wort „aperire", das bedeutet „aufmachen, öffnen". Das Jahr öffnet sich dem Wachstum und der Fruchtbarkeit.

Mai: Der Name kommt von der römischen Erdgöttin Maja. Alle Bräuche im Mai sind vom Gedanken des Wachstums bestimmt.

Juni: Der Name kommt von der römischen Göttin Juno, der Beschützerin der Frauen, der Hochzeit, der Ehe und der Geburt. Im Juni entscheidet sich, ob das Jahr fruchtbar wird.

Juli: Der Name kommt vom römischen Staatsmann Gajus Julius Cäsar, der am 12. Juli im Jahr 100 vor Christus geboren wurde. Julius Cäsar hat den nach ihm benannten Julianischen Kalender eingerichtet. Das Jahr hatte nun 365 $\frac{1}{4}$ Tage, und alle vier Jahre deshalb ein Schaltjahr.

August: Der Name kommt vom ersten römischen Kaiser Augustus, der ein Adoptivsohn des Gajus Julius Cäsar war und in diesem Monat starb. Um ihn zu ehren, wurde der Monat Sextilis, der sechste Monat, in August umbenannt.

September: Der Name kommt von Septem, das heißt sieben. Nach dem Kalender der Römer war der September der siebte Monat des Jahres.

Oktober: Der Name kommt von Octo, das heißt acht. Nach dem Kalender der Römer war der Oktober der achte Monat des Jahres.

November: Der Name kommt von Novem, das heißt neun. Nach dem Kalender der Römer war der November der neunte Monat des Jahres.

Dezember: Der Name kommt von Decem, das heißt zehn. Nach dem Kalender der Römer war der Dezember der zehnte Monat des Jahres.

Aufgabe:

Lies dir die Erklärungen über die Bedeutungen der Monatsnamen durch.
Welche Namen würdest du den Monaten geben? Mache Vorschläge. Sei fantasievoll und schreibe hinter die Namen deine Ideen.

Überlege: In welche Monate gehören kirchliche Feste? Schreibe sie hinter deinen Namensvorschlag oder beziehe sie in deinen Namensvorschlag mit ein.

Januar ______________________________

____

Februar ______________________________

____

März ______________________________

____

April ______________________________

____

Mai ______________________________

____

Juni ______________________________

____

Juli ______________________________

____

August ______________________________

____

September ______________________________

____

Oktober ______________________________

____

November ______________________________

____

Dezember ______________________________

____

Aufgabe:

Du siehst hier Zeichnungen aus einem Heft zum Kirchenjahr. Versuche, die Bilder in eine Reihenfolge zu sortieren. Was gehört zusammen und wie gehört es nacheinander sortiert?

Feste im Kirchenjahr

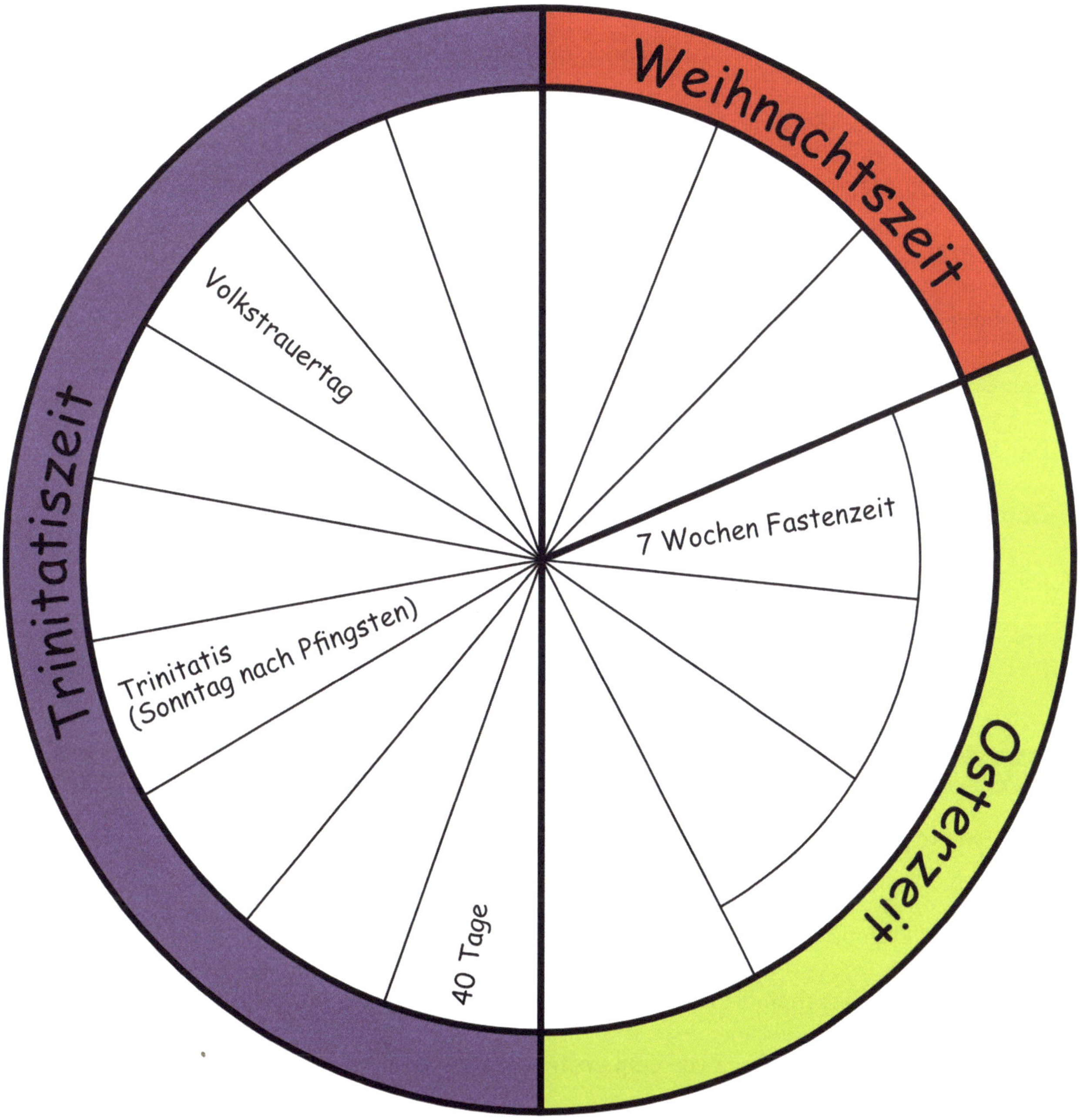

Grafik: Jona Klem

Aufgabe:
Beschrifte den Jahreskreis. Die Informationen findest du in beiliegendem Infotext.
Die **fettgedruckten** Begriffe kommen in den Jahreskreis.

Weihnachtszeit:

- Das Kirchenjahr fängt nicht am 1. Januar an, sondern beginnt mit dem **1. Advent**.
- Die Adventssonntage weisen auf **Weihnachten** hin.
- Die **Heiligen Drei Könige** (Epiphanias) feiert man am 6. Januar.

Osterzeit:

- Die sieben Wochen der **Passionszeit** bereiten das Osterfest vor.
- Den **Gründonnerstag** begeht man am Ende der Passionszeit.
- Der **Karfreitag** folgt dem Gründonnerstag.
- **Ostern**: Ostersonntag und Ostermontag schließen sich an den Karfreitag an.
- 40 Tage nach Ostern feiert man immer an einem Donnerstag **Christi Himmelfahrt**.
- **Pfingsten**: 10 Tage später folgt das Pfingstfest mit Pfingstsonntag und Pfingstmontag.

Trinitatiszeit:

- Den Sonntag nach Pfingsten nennt man **Trinitatis**.
- Nun folgen lange keine kirchlichen Feste. Das **Erntedankfest** wird in der Regel am ersten Sonntag im Oktober gefeiert.
- Am 31. Oktober begehen die evangelischen Christen den **Reformationstag**.
- Im November, zwei Sonntage vor dem ersten Advent, begeht man den **Volkstrauertag**.
- Am Mittwoch vor dem Ewigkeitssonntag begehen evangelische Christen den **Buß- und Bettag**. Sie bitten Gott im Gebet, ihnen ihre Schuld zu vergeben.
- Der letzte Sonntag im Kirchenjahr heißt Toten- oder **Ewigkeitssonntag**.

Advent – Sachliches

Advent ist ein lateinisches Wort. Es bedeutet „Ankunft“. In der Adventszeit bereiten sich die Christen auf die Ankunft von Jesus Christus vor.
Diese wird an Weihnachten gefeiert.
Die Adventszeit umfasst die vier Adventssonntage.
Sie endet an Heilig Abend. Der erste Adventssonntag ist zugleich der Beginn des neuen Kirchenjahres.
Früher war die Adventszeit eine Fastenzeit. Auch heute ist die Adventszeit von vielen Traditionen bestimmt. Mit den Bräuchen wird die Vorfreude auf Weihnachten gesteigert.
Der Adventskranz: Auf dem Kranz befinden sich vier Kerzen. Jeden Sonntag wird eine mehr entzündet.
Der Adventskalender: Vor allem für Kinder gibt es bunte Kalender mit Bildern zur Advents- und Weihnachtszeit. 24 Türchen sind in den Kalender eingefügt. Hinter ihnen befinden sich Süßigkeiten oder andere kleine Besonderheiten.
Die Adventsbäckerei: In der Adventszeit werden viele Kekse und Plätzchen gebacken. Die Rezepte dafür sind oft sehr alt. Häufig wird mit den Leckereien an Ereignisse oder besondere Menschen der Adventszeit erinnert (Der Spekulatius erinnert zum Beispiel an die Geschichte von Nikolaus).

Beantworte die Fragen mit Hilfe des Textes:

1. Was bedeutet das Wort Advent?

___

2. Welche Wochentage werden zur Zählung des Advents genutzt?

___

3. Durch welches Essensverhalten hat man die erwartungsvolle Zeit bis Weihnachten früher hervorgehoben?

___

4. Welche Traditionen prägen heute die Zeit?

___

5. Welche Tradition magst du besonders? Warum?

___

___

Advent – Wissenswertes

Der Wichernkranz

Die Tradition des Adventskranzes ist noch gar nicht so alt. Die Anfänge kann man gut verfolgen. Der Adventskranz stammt aus Hamburg und zunächst sah der Kranz ganz anders aus und das kam so:

In Hamburg lebte 1833 der Theologe und Sozialpädagoge Johann Hinrich Wichern. In seinem „Rauhen Haus" kümmerte er sich um elternlose, straffällige und anders auffällige Jugendliche. Sie möchte er unterstützen, indem er ihnen im Rauhen Haus ein Zuhause gibt und vor allem von der Liebe Gottes erzählt und diese lebendig werden lässt.

Natürlich feierte Wichern auch mit seinen Schützlingen den Advent. Es gab noch nicht viele Traditionen, die die Adventszeit prägten, so setzte er 1839 eine Idee in die Tat um. Wichern befestigte auf einem großen Holzrad vier große weiße Kerzen für jeden Adventssonntag und 19 kleinere rote Kerzen für jeden einzelnen Wochentag bis zum Heiligen Abend. Dieses Holzrad wurde im Versammlungsraum des Rauhen Hauses aufgehängt.

Da es jedes Jahr unterschiedlich viele Tage vom ersten Adventssonntag bis Heilig Abend gibt, änderte sich jedes Jahr die Zahl der kleinen, roten Kerzen. Es sind zwischen 18 und 24.

Mit dem Adventskranz stimmte Wichern die Jugendlichen auf die Adventszeit ein. Die Wartezeit wurde so gestaltet und für alle vorstellbar und gut sichtbar.

Bei diesem schmucklosen, nüchternen Holzradkranz blieb es die ersten Jahre. Wesentlich später fing Wichern an, den Raum, in dem das Holzrad aufgehängt war, mit Tannengrün zu schmücken. Und erst 1860 wurde das Holzrad selbst mit Tannengrün geschmückt.

Damit war die Grundform des heutigen Adventskranzes „erfunden". Der Wichernkranz verbreitete sich schnell und die Menschen fanden Gefallen an dieser Tradition. Wohl aus praktischen Gründen wurde im Laufe der Zeit auf die kleinen Kerzen verzichtet und man entzündete nur noch an jedem Sonntag die zumeist rote Kerze.

Überlege dir:

1. Warum hat Wichern den Kranz gewählt – was kann das bedeuten?

____

2. Warum werden Kerzen benutzt – was wollen diese sagen?

____

3. Welche Botschaft enthält das Tannengrün?

____

Zeichnung: Yvonne Hoppe-Engbring

Advent – Vertiefendes

In der Bibel gibt es keine Überlieferung zum Advent, aber es gibt ein wichtiges Adventslied nach Psalm 24,7 *„Machet die Tore weit und die Türen in der Welt hoch, dass der König der Ehre einziehe!"*

Macht hoch die Tür (Strophen 1 und 5)

Macht hoch die Tür, die Tor macht weit;
es kommt der Herr der Herrlichkeit,
ein König aller Königreich,
ein Heiland aller Welt zugleich,
der Heil und Leben mit sich bringt;
derhalben jauchzt, mit Freuden singt:
Gelobet sei mein Gott,
mein Schöpfer reich von Rat.

Komm, o mein Heiland Jesu Christ,
meins Herzens Tür dir offen ist.
Ach zieh mit deiner Gnade ein;
dein Freundlichkeit auch uns erschein.
Dein Heilger Geist uns führ und leit
den Weg zur ewgen Seligkeit.
Dem Namen dein, o Herr,
sei ewig Preis und Ehr.

Die Tür ist das zentrale Symbol in dem Lied. Türen kommen oft auch in Sprichworten und Redewendungen vor:

Mit der Tür ins Haus fallen

Die Tür vor der Nase zuschlagen

Den Fuß nicht in die Tür kriegen

Zwischen Tür und Angel

Jemanden vor die Tür setzen

Fallen dir noch mehr Redewendungen ein?

Schreibe ein Elfchen, in dem das Wort „Tür“ und „Advent“ vorkommt:

Und nun male eine Adventstür.

Wie sieht die Tür oder das Tor aus, das man hoch machen soll für den Herrn der Herrlichkeit - und tritt er auch ein?

Advent – Kreatives

Advents-Memory

So geht's:

1. Alle Kreise ausschneiden. (24 Kreise = 12 Wortpaare)
2. Auf je zwei Kreise einen Begriff schreiben, der mit Advent zu tun hat.
3. Dann die Kreise mischen und Memory spielen.
4. Je mehr Mitspielerinnen und Mitspieler, desto schwieriger.

Advent – Aktives

Der umgedrehte Adventskalender

Adventskalender kennt jeder – mit Schokolade oder in aufgehängten Söckchen. Es gibt viele verschiedene Möglichkeiten.

Der umgedrehte Adventskalender ist eine andere, pfiffige Aktion im Advent.

Was man braucht? Einfach nur eine Kiste und 24 Zettel mit Nummern.

In die Kiste kommen die Spenden, Geschenke, Gaben, die man sammeln will.

Jede Schülerin und jeder Schüler erhält eine Nummer und bringt an dem Tag mit der Nummer ein Geschenk oder Spende mit.

Am Ende der Aktion wird die Kiste mit den Spenden und Gaben einer Hilfsinitiative oder einem Projekt überreicht, das zu Beginn gemeinsam gewählt wird.

Variante:

Jedes Kind schreibt einen Advents- und Weihnachtsbrief und dieser wird an dem gezogenen Tag in die Kiste gelegt – am Ende werden alle Briefe einem Altersheim übergeben.

Weihnachten – Sachliches

An Weihnachten feiern die Christen die Geburt von Jesus Christus. Weihnachten ist ein wichtiges Fest.
Es wird mehrere Tage gefeiert. Der Beginn ist Heilig Abend, 24. Dezember. Der 25. Dezember ist der erste Weihnachtstag.
Am 26. Dezember wird der zweite Weihnachtstag begangen.
Weihnachten gibt es viele Bräuche. Sie erinnern an die Geburtsgeschichte.
Der Weihnachts- oder Christbaum ist eine Tanne. Sie ist immergrün. Das soll zeigen, dass Gott treu zu den Menschen ist. Der Baum wird geschmückt.
Der Schmuck, wie z.B. Stern oder Engel, erinnert an Ereignisse bei der Geburt von Jesus.
Die Kerzen zeigen, dass Jesus Licht in die Welt bringt.
In einer aufgebauten Krippe wird das Geschehen rund um die Geburt von Jesus dargestellt.
Dazu gehören: Der Stall mit dem Stern, die Krippe, das Jesuskind, Maria und Josef, auch Ochs und Esel, Engel, Hirten, Schafe und die Heiligen Drei Könige.
An Weihnachten sind vor allem Geschenke für die Kinder wichtig. Sie erinnern daran, dass die Heiligen Drei Könige dem Jesuskind kostbare Geschenke brachten.

Beantworte die Fragen mit Hilfe des Textes:

1. Welches Ereignis steht im Mittelpunkt von Weihnachten?

____

2. Wie könnte man Weihnachten auch bezeichnen?

____

3. Wie nennt man die Darstellung der Weihnachtsgeschichte mit Hilfe von Figuren?

____

4. Welches sind die wichtigsten Figuren? Welche sind nicht so wichtig?

____

5. Was findet sich in vielen Wohnzimmern zu Weihnachten?

____

6. Welchen Schmuck kann man daran hängen?

____

Weihnachten – Wissenswertes

In der Advents- und Weihnachtszeit wird viel gesungen. Es gibt einen reichhaltigen Schatz an Weihnachtsliedern. Ein sehr bekanntes Lied ist: „Ihr Kinderlein, kommet".

Ihr Kinderlein, kommet (Strophen 1–4 und 6)

Ihr Kinderlein, kommet, o kommet doch all,
zur Krippe her kommet, in Bethlehems Stall,
und seht, was in dieser hochheiligen Nacht
der Vater im Himmel für Freude uns macht.

O seht in der Krippe im nächtlichen Stall,
seht hier bei des Lichtleins hellglänzendem Strahl
in reinlichen Windeln das himmlische Kind,
viel schöner und holder, als Engel es sind.

Da liegt es, das Kindlein, auf Heu und auf Stroh,
Maria und Joseph betrachten es froh,
die redlichen Hirten knien betend davor,
hoch oben schwebt jubelnd der Engelein Chor.

O beugt wie die Hirten anbetend die Knie,
erhebet die Hände und danket wie sie;
stimmt freudig, ihr Kinder, –
wer wollt sich nicht freun? –
stimmt freudig zum Jubel der Engel mit ein.

So nimm unsre Herzen zum Opfer denn hin;
wir geben sie gerne mit fröhlichem Sinn.
Ach mache sie heilig und selig wie deins
und mach sie auf ewig mit deinem nur eins.

Dieses Lied des katholischen Geistlichen Christoph von Schmidt wurde 1811 veröffentlicht. Von Schmidt hatte sich der Bildung von Kindern und Jugendlichen verschrieben und wollte mit dem Lied die Ereignisse von Weihnachten den Kindern singend nahebringen. Gelingt das?

Aufgabe:

Schreibe aus dem Lied die wichtigsten Stationen der Weihnachtsgeschichte heraus – worum geht es?

____

____

____

____

____

____

Weihnachten – Vertiefendes

Die Weihnachtsgeschichte nach dem Lukasevangelium

Zu der Zeit, als Jesus geboren wurde, herrschte über Israel der römische Kaiser Augustus. Augustus wollte wissen, wie viele Menschen in seinem großen, weiten Reich leben. Deswegen gab er folgenden Befehl heraus: „Alle Menschen in meinem Reich müssen sich in ihrer Heimatstadt in eine Liste eintragen lassen!"

Die Menschen gehorchten dem Befehl. So machte sich auch Josef auf den Weg in seine Heimatstadt. Er wohnte in Nazareth und musste nach Bethlehem. Mit ihm kam seine Frau Maria. Sie war schwanger und erwartete ein Kind.

Wegen dieser Zählung waren viele Menschen unterwegs. Bethlehem war voller Leute. Es war keine Unterkunft zum Übernachten frei. Maria und Josef kamen nur noch in einem Stall unter. Dort bekam Maria ihren Sohn: Jesus. Sie wickelte ihn in Windeln und legte ihn in eine Futterkrippe. Das war sein Bettchen.

Auf den Feldern bei Bethlehem hüteten Hirten ihre Schafherden. Da erschien ihnen ein Engel im hellen Licht und sagte: „Ihr braucht keine Angst zu haben. Ich habe eine wundervolle Nachricht für euch. Heute ist Jesus geboren. Er ist der Heiland, Gottes Sohn. Geht zu ihm, ihr werdet das Kind in einem Stall in der Krippe finden."
Dann wurde es noch heller. Viele Engel erschienen am Himmel. Sie sangen zusammen ein herrliches Loblied auf Gott.

Die Hirten machten sich so schnell sie konnten auf den Weg und kamen zum Stall. Dort fanden sie Jesus in der Krippe liegen, so wie es die Engel gesagt hatten. Sie beteten ihn an und waren von Freude erfüllt. So kehrten sie zurück zu ihren Herden. Allen Menschen, denen sie begegneten, erzählten sie, was sie erlebt hatten: Jesus, der Sohn Gottes, ist geboren!

(Kleine Calwer Kinderbibel S. 72–74)

Engel spielen eine zentrale Rolle in der Weihnachtsgeschichte. Hast du eine Vorstellung von Engeln?

Verfasse einen Steckbrief:

Beruf: *Engel* ____________________

Aufgabe: ____________________

Alter: ____________________

Wohnort: ____________________

Hobbies: ____________________

Vergleiche deinen Steckbrief mit folgendem Gedicht. Herr Wiemer hat eine ganz moderne Vorstellung von Engeln:

Die Engel – Es müssen nicht Männer mit Flügeln sein

Es müssen nicht Männer mit Flügeln sein,
die Engel.
Sie gehen leise, sie müssen nicht schrein,
oft sind sie alt und hässlich und klein,
die Engel.
Sie haben kein Schwert, kein weißes Gewand,
die Engel.
Vielleicht ist einer, der gibt dir die Hand,
oder er wohnt neben dir, Wand an Wand,
der Engel.
Dem Hungernden hat er das Brot gebracht,
der Engel.
Dem Kranken hat er das Bett gemacht,
und hört, wenn du ihn rufst, in der Nacht,
der Engel.
Er steht im Weg und er sagt: Nein,
der Engel.
Groß wie ein Pfahl und hart wie ein Stein –
Es müssen nicht Männer mit Flügeln sein,
die Engel.

Rudolf Otto Wiemer

Was denkst du?

Wen oder was versteht Rudolf Otto Wiemer unter Engeln?

____

Was sind die Aufgaben von Engeln?

____

Was haben die Engel mit Gott zu tun?

____

Schreibe auch von diesen Engeln einen Steckbrief:

Beruf: Engel

Aufgabe: ____________________

Alter: ____________________

Wohnort: ____________________

Hobbies: ____________________

Weihnachten – Kreatives

Die Weihnachtsgeschichte als Hörspiel mit Klang und Geräuschen

Die Idee: Ein Hörspiel für die Klasse gestalten, das die Weihnachtsgeschichte wiedergibt.

Aufgaben:

Text schreiben: Verfasse eine Grundidee, worum es in der Weihnachtsgeschichte geht. Du kannst dich an die Ursprungsgeschichte halten und nacherzählen oder du kannst die Weihnachtsgeschichte auch in unsere Zeit übertragen und neu erfinden.

Personal/Rollen: Schreibe genau auf, wer macht mit und was sagt er oder sie.

Allein oder als Gruppe: Manches sind Einzelrollen, manches wird als Gruppe aufgeführt (Engel, Hirten ...). Können die Gruppen etwas singen oder ein Gedicht aufsagen ...?

Geräusche, Klänge, Musik: Wie kann man das Hörspiel noch lebendiger machen? Überlege, gibt es Musik, die zum Eingang oder Abschluss passt? Gibt es Geräusche, die man einspielen kann (Fußschlurfen, Hufgetrappel ...) oder auch Klänge wenn die Engel erscheinen, wenn der helle Stern leuchtet ...?

Aufnahme:

Nicht jede und jeder spricht gerne, deswegen ist es gut, wenn man viele unterschiedliche Rollen und Aufgaben hat. Erstelle eine genaue Übersicht, wer wann was sagt – und dann geht es zur Aufnahme. Ein Probedurchlauf ist hilfreich.

Veröffentlichung:

Nicht nur für einen Elternabend, sondern auch auf die Schulhomepage oder als Weihnachtsgruß an andere Lehrerinnen oder Lehrer oder Klassen ist ein solches Hörspiel sehr attraktiv!

Weihnachten – Aktives

Weihnachten im Schuhkarton

Die Aktion „Weihnachten im Schuhkarton" ist eine weltweite Geschenkaktion für Kinder in Not. Die Aktion gibt es seit über 25 Jahren und sie hat über 100 Millionen Geschenkpakete auf der ganzen Welt verteilt.

Bei der Aktion werden handelsübliche Schuhkartons mit Geschenkpapier beklebt und mit kleinen Präsenten gefüllt. Die Träger der Kampagne empfehlen unter anderem originalverpackte und feste Hygieneartikel, Schreibmaterialien, Kuscheltiere, Süßigkeiten oder Kinderkleidung. In der Regel wird im Oktober zu der Aktion aufgerufen und Mitte November die Sammlung abgeschlossen. Die Verteilung der Kartons wird zumeist im Rahmen einer Weihnachtsfeier vorgenommen.

Oftmals nehmen auch Schulklassen teil. So wäre dies eine Idee, sich als Klasse oder Gruppe an der Aktion zu beteiligen. Oder aber, man startet eine eigene Aktion, kopiert die Idee und sucht eine Einrichtung in der Nähe, die man beschenken kann. Beispielsweise eine Flüchtlingsunterkunft oder eine Einrichtung für Menschen mit Behinderungen. Eine wunderbare Gelegenheit, Kontakte entstehen zu lassen.

Foto: Pixabay/Bruno_Germany

Die Heiligen Drei Könige – Sachliches

Sehr beliebt ist der Dreikönigstag am 6. Januar. Die Bibel erzählt, dass drei Könige aus dem fernen Morgenland einem Stern folgen. Über Umwege führt der Stern sie zur Krippe nach Bethlehem. Die Geschichte zeigt: Die ganze ferne Welt kommt zu Jesus und betet ihn an.
Als Geschenke bringen die edlen Männer die kostbarsten Gaben ihrer Zeit mit: Gold sowie die besonders wertvollen Baumharze Weihrauch und Myrrhe.
Viele wunderbare Erzählungen entstanden im Laufe der Zeit über die Heiligen Drei Könige. Dabei haben sie auch ihre Namen erhalten. Sie werden Caspar, Melchior und Balthasar genannt. Einer der Könige gilt als Vertreter Afrikas. Er wird meist mit schwarzer Hautfarbe dargestellt.
Am Dreikönigstag gibt es vor allem in katholischen Gebieten den Brauch der Sternsinger. Kinder und Jugendliche verkleiden sich als die Heiligen Drei Könige.
Sie gehen von Haus zu Haus, singen und sammeln Geld für Menschen in armen Ländern. Mit dem Geld werden Entwicklungshilfeprojekte unterstützt.
An die Häuser schreiben die Sternsinger mit Kreide die Jahreszahl und C+M+B. Die Abkürzung steht für den alten lateinischen Segenswunsch: Christus Mansionem Benedicat. Christus segne dieses Haus. In unserer Zeit wird die Inschrift gerne auf die Anfangsbuchstaben der Namen der Heiligen Drei Könige umgedeutet.

Beantworte die Fragen mit Hilfe des Textes:

1. Wann findet der Dreikönigstag immer statt?

   ____

2. Woher kommen die Könige – und wo liegt das?

   ____

3. Welcher Beruf wird den edlen Männern auch noch zugeschrieben?

   ____

4. Welche edlen Gaben brachten sie als Geschenke mit?

   ____

5. Welche Namen erhielten sie in späterer Zeit?

   ____

6. Welcher lateinische Spruch wird mit den Anfangsbuchstaben in Verbindung gebracht?

   ____

Die Heiligen Drei Könige – Wissenswertes

Legende vom vierten König – eine Geschichte zum Weiterdenken nach einer alten russischen Legende

Nicht nur Caspar, Melchior und Balthasar sind aus dem Morgenland dem Stern gefolgt. Es gibt noch einen vierten König. Er ist auf dem Weg zum Treffpunkt mit den drei anderen Königen. Bei sich hat er drei wertvolle rote Edelsteine als Geschenk für das Jesuskind. Aber sein Pferd lahmt. Er kommt nur langsam voran und kommt zu spät. Die anderen drei sind schon losgeritten. Er reitet hinterher. Plötzlich entdeckt er am Wegrand ein weinendes Kind. Es blutet.

Was macht der vierte König? Schreibe die Geschichte weiter …

Die Originalgeschichte geht so weiter:
Der vierte König hat Mitleid mit dem Kind. Er nimmt das Kind mit auf sein Pferd und reitet in ein Dorf. Dort gibt er das Kind zu einer Frau in Pflege. Er gibt der Frau einen seiner Edelsteine als Bezahlung. Damit ist das Leben des Kindes gesichert.
Der vierte König reitet weiter und folgt dem Stern. Da begegnet er einer verzweifelten Frau mit ihren Kindern. Sie folgen einem Sarg. Der Ehemann und Vater ist gestorben. Die Familie leidet große Not und hat hohe Schulden. Der vierte König nimmt den zweiten Edelstein aus dem Gürtel. „Bezahlt, was ihr schuldig seid, kauft euch Haus und Hof und Land, damit ihr eine Heimat habt!"
Er wendet sein Pferd und folgt dem Stern. Der führt ihn durch ein fremdes Land, in dem Krieg wütet. Soldaten bedrohen arme Bauern. Dieses Elend ist so groß, dass er nicht lange zögert. Mit zitternden Händen holt er seinen letzten Edelstein hervor. Damit kauft er die Bauern vor dem Tode und das Dorf vor der Verwüstung los.
Müde und traurig reitet er weiter. Der Stern leuchtet schwach. Der vierte König verirrt sich. Jahrelang wandert er. Zuletzt zu Fuß, da er auch sein Pferd verschenkt hat. Schließlich bettelt er. Trotzdem hilft er hier einem Schwachen, pflegt dort Kranke. Keine Not bleibt ihm fremd.

Was passiert dann? Schreibe die Geschichte weiter ...

Die Originalgeschichte geht so weiter:
Eines Tages kommt er in den Hafen einer großen Stadt. Dort soll der Vater einer Familie als Sklave auf ein Sklavenschiff verschleppt werden. Der vierte König besitzt nichts mehr, nur noch sein eigenes Leben. Er bietet an, anstelle des unglücklichen Vaters als Sklave zu arbeiten. Jahre vergehen. Sein Haar ist grau. Sein Körper zerschunden.
Irgendwann leuchtet sein Stern hell über ihm. Ihm wird die Freiheit geschenkt. Im Traum sagt eine Stimme zu ihm: „Eile, eile!" Sofort bricht er auf und kommt vor die Tore einer großen Stadt. Er schreitet einen Hügel hinauf. Oben ragen drei Kreuze auf. Der Blick des Menschen am mittleren Kreuz trifft ihn. Er sagt: „Du hast mich getröstet, als ich jammerte. Du hast mich gerettet, als ich in Lebensgefahr war. Du hast mich gekleidet, als ich nackt war!". Der vierte König erkennt: Dieser Mensch ist Jesus! Der vierte König hatte ihn nicht vergebens gesucht, er hatte ihn gefunden.

Die Geschichte endet hier. Wie könnte sie weitergehen? Was macht der vierte König?

Die Heiligen Drei Könige – Vertiefendes

Aus fernen Ländern machten sich die „Weisen aus dem Morgenland" auf den Weg. Es waren besonders kluge und vornehme Männer. Sie hatten einen außergewöhnlichen Stern entdeckt. Diesem Stern folgten sie.
Sie wollten wissen, ob der Stern ein besonderes Zeichen war oder eine besondere Bedeutung hatte.
Der Stern blieb genau über dem Stall stehen, in dem das Jesuskind lag. So kamen die Weisen zu Jesus. Sie brachten dem Kind die wertvollsten Geschenke ihrer Zeit: Gold, Weihrauch und Myrrhe. Dann zogen sie in ihre Länder zurück.

(Kleine Calwer Kinderbibel, S. 76)

Gold, Weihrauch und Myrrhe waren die kostbarsten Gaben der Zeit Jesu. Ihm wurden kostbare Geschenke gemacht.

Überlege, was wären heute kostbare Geschenke?
Was würdest du schenken? Schreibe oder zeichne:

Die Heiligen Drei Könige – Aktives

Sternsinger

Sternsingen ist ein alter Brauch, vor allem in der katholischen Kirche. Alle wichtigen Informationen finden sich in folgendem Video: „Sternsingen: so geht's!" (Youtube: Die Sternsinger):

https://www.youtube.com/watch?v=f-VfGiTvZtQ

Aber vielleicht ist das auch eine Aktion, die man als Klasse machen kann und sich dafür ein Projekt sucht, das man unterstützen möchte. So kann man die Häuser der Mitschülerinnen und Mitschülern besuchen oder die Aktion bekannt machen und auf Einladung Häuser und Wohnungen besuchen.

Zeichnung: Angelica Guckes

Passionszeit – Sachliches

Die Passionszeit beginnt mit dem Aschermittwoch und dauert bis zum Sonnabend vor Ostern. Das sind genau 40 Tage. Sie sind eine Vorbereitungszeit auf Ostern.
Diese besondere Zeit kann man auch Fastenzeit oder österliche Bußzeit nennen. Sie beginnt nach dem Karneval. Das Wort leitet sich aus dem Lateinischen „Carne vale" ab und bedeutet „Fleisch, lebe wohl".
Das heißt, Christen fasten in dieser Zeit. Früher beschränkte sich in der Passionszeit das Essen auf eine Mahlzeit am Tag, meistens am Abend. In heutiger Zeit verzichtet man eher auf Dinge wie z.B. Fleisch, Alkohol oder Süßigkeiten. Dabei geht es nicht um ein strenges Einhalten eines Verbots. Es ist eher so, dass Menschen versuchen, aus Gewohnheiten auszubrechen und dabei Neues zu entdecken.
In der Passionszeit denkt man besonders an den Leidensweg von Jesus. Man erinnert sich daran, was er vor seinem Kreuzestod erlebt und erlitten hat. Dazu helfen z.B. Passionsandachten in der Kirche. Dabei stehen Lieder, Gebete und vor allem Bibeltexte im Mittelpunkt, die das Leiden von Jesus erzählen.

Beantworte die Fragen mit Hilfe des Textes:

1. Wann beginnt die Passionszeit?

____

2. Wie kann man die Passionszeit auch noch nennen?

____

3. Was hat die Passionszeit mit Karneval zu tun?

____

4. Welche Möglichkeiten gibt es zu fasten?

____

5. Welche Rolle spielt Jesus in der Passionszeit?

____

6. Wie endet die Passionszeit?

____

Passionszeit – Wissenswertes

Hungertuch / Fastentuch

Das Hungertuch oder Fastentuch ist eine alte, kirchliche Tradition. Der Brauch ist mehr als tausend Jahre alt. In der Zeit vor Ostern verhängt man den Altarraum der Kirche mit einem großen Tuch, dem Hungertuch. Die Tücher sind mit aufwendigen, bunten Bildern bestickt. Häufig sind Motive aus der Leidensgeschichte Jesu dargestellt. Die Erinnerung an Jesus soll die Christen in der Passionszeit besonders im Glauben bestärken.

Eine Redewendung, „am Hungertuch nagen", erinnert an diesen Brauch. Weil die Hungertücher sehr groß waren, um den Altarraum zu verhängen, mussten sie aus mehreren Teilen zusammengenäht werden. Daher stammt zunächst die Redewendung „am Hungertuch nähen". Da mit der Zeit der Brauch allerdings in Vergessenheit geriet, verwandelte sich das „Nähen" zum „Nagen". Anscheinend konnte man das Nagen leichter mit dem Hunger und Hungertuch in Verbindung bringen, als das eigentlich richtige Nähen.

Die Tradition des Hungertuches haben das katholische Hilfswerk „misereor" und das evangelische Hilfswerk „Brot für die Welt" in unserer Zeit wieder belebt. Jedes Jahr erstellt eine internationale Künstlerin oder ein Künstler ein Hungertuch. Auf ihm werden biblische Motive, Themen der Zeit und der sozialen Gerechtigkeit dargestellt.

Einen Überblick über die Misereor-Hungertücher 1976 bis 2020 findet man unter folgendem Link:

https://www.misereor.de/fileadmin/publikationen/publikation-die-misereor-hungertuecher-begleitheft-2020.pdf

Passionszeit – Vertiefendes

Trauersymbole auf dem Friedhof

Trauer und Tod sind auf dem Friedhof allgegenwärtig. Im Alltag wird über diese Gedanken nicht gerne gesprochen. Auf dem Friedhof ist dafür Raum, Zeit und Gelegenheit.

Aufgabe:

Die Grabsteine sind Zeugen von Trauer und Schmerz, aber auch von Hoffnung und Zuversicht. Manche Symbole weisen darauf hin. Untenstehend sind einige Symbole und ihre Erklärungen. Auf dem Friedhof kannst du dich umsehen und noch weitere Symbole entdecken. Male sie ab und suche eine Erklärung.

Kreuz gehört zu den beliebtesten Symbolen bei der Grabsteingestaltung. Das Grabkreuz steht für die christliche Hoffnung auf ein ewiges Leben nach dem Tod.

Fisch ist ein klassisches Grabmalsymbol. Dieses alte Christuszeichen wird oft genutzt, um den Glauben an Jesus Christus auszudrücken.

Sonne ist der Urquell des Lichts. Sie ist Sinnbild jenes Urquells von dem alles geistige Licht kommt – von Gott selbst. Auf einem Grabstein steht die Sonne für Leben, Liebe und Auferstehung.

Engel gehören zu den beliebtesten Grabstein-Figuren überhaupt. Der Grabengel ist Bote Gottes, Tröster, Beschützer und Helfer in einem.

Taube ist Zeichen, dass Gott Friede mit den Menschen geschlossen hat. Sie ist ein Zeichen des Lebens und des Friedens.

Anker steht symbolisch für die Zuversicht, dass wir im Glauben an Gott Halt finden werden. Im übertragenen Sinn ist er das klassische Symbol für Festigkeit, Beständigkeit und Treue.

Schiff ist eines der ältesten und meist genutzten christlichen Symbole. Oft wird als Vorlage für dieses Bildnis die Arche verwendet. Mit Christus – der Mast symbolisiert das Kreuz Christi – sind die Christen unterwegs zum Hafen Gottes, der Ewigkeit.

Passionszeit – Kreatives

Hungertuch selbst gestalten

Im Mittelalter hat man in den Kirchen „Hungertücher“ aufgehängt. Damit verhüllte man Kreuze und Altäre, die mit Darstellungen der Passion Christi bemalt waren. Auf diese Weise sollte der Weg Jesu ans Kreuz, Jesu Leiden und Jesu Sterben in den Mittelpunkt gestellt werden. Erst zu Ostern wurden die Tücher abgenommen und der Blick auf den auferstandenen Jesus wieder freigegeben. Dieser mittelalterliche Brauch geriet über die Jahre in Vergessenheit.

Erst im Jahr 1976 wurde der Brauch von Misereor erneut aufgegriffen. Heute stellen die modernen Hungertücher zeitgenössische Bilder von Leid und Tod, von Armut, Ausbeutung und Unterdrückung, aber auch von Verheißung, Hoffnung und Befreiung dar.

1. Zur Vorbereitung der Erstellung eines eigenen Hungertuchs als Gruppen- oder Klassenaktion ist es hilfreich, sich mit einem vorhandenen Hungertuch auseinanderzusetzen. (Vgl. Vertiefendes)

2. Es kann ein großes Bild gemalt werden oder mehrere kleine Bilder zu einem Hungertuch zusammengenäht werden. Material können ein oder mehrere weiße, alte Laken sein. Das fertige Tuch kann man in der Pausenhalle oder im Treppenhaus in der Schule aufhängen.

Material: Stoffmalfarben, Pinsel, Zeitung oder ähnliches zum Tische abdecken, Stifte und Papier für Vorlagen, Kopien von Bibelstellen, wenn diese Grundlage sein sollen, Schere, Stoff (weißer, großer Stoff oder zugeschnitten in 6 Rechtecke beispielsweise 45 x 45 cm, nach Möglichkeit 2–3 zusätzlich als Reserve bereithalten).

Material zur Fertigstellung/Bearbeitung: Nähmaschine, Garn, Schere, Stecknadeln, Bügeleisen.

Motivgeber können sein: Ein biblischer Spruch, Szenen aus dem Leben Jesu (Evangelientexte), Trauersymbole, Hoffnungszeichen oder auch Themen der Zeit, die von Ungerechtigkeit und Not gekennzeichnet sind.

Beispiele:
https://www.noz.de/lokales/werlte/artikel/677495/schuler-der-oberschule-lorup-gestalten-hungertuch

http://www.overberg-epe.de/chronik08_09/Hungertuch/hungertuch.htm

Einfachere Alternative:
Alternativ kann ein solches Hungertuch auch auf Papier erstellt werden und zu einem großen Plakat zusammengefügt werden.

Passionszeit – Aktives

7 Wochen ohne oder mit

7wochenohne.evangelisch.de ist eine Fastenaktion der Evangelischen Kirche, die seit Jahren stattfindet. Sie beginnt Aschermittwoch und endet am Ostersonntag.

Das kann auch eine gemeinsame Aktion von einer Schulklasse sein:

7 Wochen ohne – Fernsehen, Spielekonsole, Süßigkeiten, Handy, Internet ... – alleine schon die Diskussion in der Klasse, worauf alle gemeinsam verzichten wollen, kann spannend sein.

? *Fragen:*

- Warum fällt es so schwer, auf bestimmte Sachen zu verzichten?
- Gibt es Auswege oder Hilfen, den Verzicht zu meistern?
- Wie kann ein Leben ohne die Sachen/Gewohnheiten leichter sein?
- Kann der Verzicht neue Freiheiten und Möglichkeiten eröffnen?

7 Wochen mit – gegenseitigem Respekt, Hilfestellung, Lob und Anerkennung, Fehlerfreundlichkeit ... – auch hier bringt eine Diskussion bestimmt interessante Gedanken ans Licht.

? *Fragen:*

- Fällt es schwer, neue Gedanken und Verhaltensweisen in die Klasse einzubringen?
- Was hindert, das Klassenklima positiv zu gestalten?
- Welche Gewohnheiten fehlen?
- Was gibt dem neuen Klassenklima Schwung?

Gründonnerstag – Sachliches

Der Gründonnerstag ist der Tag vor Karfreitag. An ihm erinnern sich die Christen, wie Jesus eine letzte Mahlzeit mit seinen Jüngern gegessen hat.
Der Gründonnerstag hat einen seltsamen Namen. Was das „grün" im Namen bedeutet, ist umstritten. Er kann von der Farbe „grün" kommen. Alte Bräuche sehen grünes Essen (Gemüse) für diesen Tag vor. Diese Mahlzeiten sollten die Kraft des Frühlings für das ganze Jahr verleihen.
Die Ableitung kann aber auch von dem Wort „greinen" kommen. Das bedeutet so viel wie „weinen". Früher mussten Menschen sich öffentlich für ihre schlechten Taten entschuldigen. Das Bedauern und Beweinen nennt man Buße. Diese büßenden Menschen wurden am Gründonnerstag wieder in die kirchliche Gemeinschaft aufgenommen.
Klarer ist der Inhalt des Tages. Im Mittelpunkt steht die Erzählung des letzten Mahles von Jesus. Die Geschichte steht in der Bibel. Sie wird in den Gottesdiensten am Abend vorgelesen. Auch das Abendmahl wird gefeiert. Dazu bekommen die Menschen ein Stück Brot oder eine Oblate und trinken aus einem Kelch einen Schluck Wein oder Traubensaft.
Genauso, wie es Jesus mit seinen Jüngern getan hat.

Beantworte die Fragen mit Hilfe des Textes:

1. Welche Erinnerung steht im Mittelpunkt des Gründonnerstags?

___

2. Wie nennt man diese Feier auch?

___

3. Was gehört zu dieser Feier unbedingt dazu?

___

4. Woher hat der „Gründonnerstag" seinen Namen?

___

5. Feiert man den Gründonnerstag immer an einem Donnerstag?

___

Gründonnerstag – Wissenswertes

Das Sedermahl

Jesus war Jude. Er hat mit seinen Jüngern die jüdischen Feste und Bräuche seiner Zeit eingehalten und gepflegt. So auch an dem Abend, der den Gründonnerstag begründet. Das war zu Jesu Zeiten der Abend vor dem Passahfest. Die Gläubigen pilgerten zum Tempel nach Jerusalem und feierten das Sedermahl. Dabei erinnern sie an die Rettung der Juden aus der ägyptischen Sklaverei. Beim Sedermahl essen viele jüdische Familien Speisen vom Sederteller. Jede Speise erinnert an ein Ereignis während der Sklaverei in Ägypten.

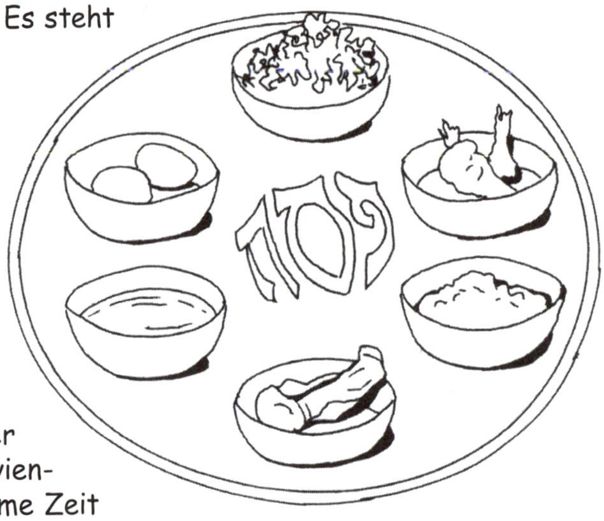

Karpas ist Petersilie oder ein anderes Gemüse. Es steht für die Frühlingszeit.

Seroa ist ein angebratener Knochen. Er erinnert an das Lamm als Pessachopfer in der Pessachnacht.

Bejza ist ein hart gekochtes Ei. Es erinnert an ein spezielles Zusatzopfer, das für die Wallfahrtsfeste im Tempel gebracht wurde.

Maror oder Chaseret sind bittere Kräuter wie frisch geriebener Meerrettich, Lattich-, Endivien- oder Chicoreeblätter. Sie erinnern an die schlimme Zeit der ägyptischen Sklaverei.

Charoset ist ein Fruchtmus aus Äpfeln, Mandeln, Nüssen und Feigen. Es erinnert an den Lehm für die Ziegelsteine, die die Juden in Ägypten herstellen mussten.

Salzwasser Das Wasser erinnert an die Tränen, die in der bitteren Zeit der Gefangenschaft Ägyptens vergossen wurden.

Mazzen sind ungesäuerte Brote. Sie erinnern an die Flucht der Israeliten aus Ägypten.

Fragen:

Was erinnert an Gründonnerstag und was ist ganz fremd?

____

Warum spielt Essen eine so große Rolle – im Judentum und im Christentum?

____

Gibt es Essen, das dich auch an besondere Ereignisse erinnert?

____

Zeichnung: Angelica Guckes

Gründonnerstag – Vertiefendes

Jesus und seine Jünger essen das letzte Abendmahl

Am Abend begann ein großes Fest in Jerusalem, das Passafest. Jesus wollte es mit seinen Jüngern feiern. Die Jünger bereiteten alles dafür vor.
Jesus setzte sich mit seinen Jüngern an den Tisch. Sie teilten Brot und Wein miteinander. Das war bei dem Fest üblich. Vor dem Essen nahm Jesus das Brot, dankte Gott dafür und sagte: „Esst von diesem Brot, das ist das Brot des Lebens." Dann nahm er den Kelch und sagte: „Trinkt von diesem Wein, das ist der Kelch des Heils."
Und er sagte noch: „Wann immer ihr Brot und Wein in meinem Namen teilt und gemeinsam esst, bin ich bei euch mit meiner Liebe." (Kleine Calwer Kinderbibel S. 116)

Aufgaben:

Nicht nur in der Bibel, auch im alltäglichen Leben gibt es unterschiedliche Möglichkeiten, sich an wichtige Dinge zu erinnern. Beispielsweise durch einen Knoten im Taschentuch, oder ...?

Schreibe Erinnerungsstützen auf:

Manchmal will man sich aber an ganz persönliche Ereignisse, Momente oder Menschen erinnern. Dadurch sind die Situationen gegenwärtig. Beispielsweise durch ein Foto, oder ...?

Schreibe Möglichkeiten des schönen Erinnerns auf:

Meistens erinnert man sich allein, seltener in Gemeinschaft. Das passiert beispielsweise bei Gedenkfeiern von Verstorbenen, oder ...?

Fallen dir Gemeinschaftsveranstaltungen ein, bei denen man sich erinnert?

Das Abendmahl am Gründonnerstag ist eine Erinnerungsfeier, an der man zusammen isst und trinkt und sich erinnert. Das ist etwas ganz Besonderes. Eine Familie erzählt: „Wir essen an Heilig Abend immer einen Pflaumenkuchen. Der erinnert uns an die verstorbene Großmutter, die den besten Pflaumenkuchen backen konnte."

Überlege, was ist ähnlich zum Gründonnerstag und dem Abendmahl. Und was ist anders? Schreibe auf:

Gründonnerstag – Kreatives

Leonardo da Vinci (1452–1519) – Das letzte Abendmahl

Dieses Gemälde von Leonardo da Vinci ist das berühmteste Gemälde über das letzte Abendmahl.

Aufgabe:

Stellt das Abendmahl nach. Lest dazu eventuell den biblischen Text und positioniert euch genau so, wie abgebildet. Dann macht ein Foto und vergleicht.

© akg-images

Gründonnerstag – Aktives

Agapefeier

In Erinnerung an das Abendmahl von Jesus, an das man sich an Gründonnerstag erinnert, können Schülerinnen und Schüler eine Agapefeier gestalten und begehen. Das kann auch klassenübergreifend geschehen, beispielsweise alle 4. Klassen.

Schülerinnen und Schüler teilen gemeinsam Fladenbrot und Weintrauben – dazu gibt es passende Lieder und Kanons, eventuell die biblische Lesung, eine Bildbetrachtung und ein gemeinsames Gespräch.

Die Agapefeier stärkt die Gemeinschaft. Die ist für die Klassen und Schule sehr wichtig. Die Gemeinschaft ist immer wieder gefährdet. Mobbing, mangelnder Respekt und Rücksichtnahme sowie gedankenloses Gerede schaden der Gemeinschaft.

Die Agapefeier sagt: Wie Trauben am Weinstock, wie Körner im Brot sind wir gemeinsam stark – und Jesus bildet die Mitte. Seine Worte und Taten geben die Richtung für ein gutes gemeinsames Leben.

Foto: Pixabay/Gini George (cco)

Karfreitag – Sachliches

Karfreitag folgt auf Gründonnerstag. Es ist der Freitag vor Ostern. An Karfreitag erinnert man an den Kreuzestod von Jesus. Im Namen Karfreitag ist „Kara" enthalten. Das bedeutet Schmerz oder Kummer.
Karfreitag gibt es viele Bräuche. Sie sollen die Trauer um den Tod von Jesus zum Ausdruck bringen.
Zu den Gottesdiensten wird nicht geläutet oder höchstens mit nur einer Glocke gerufen. In der Kirche sind von dem Altar die Kerzen, Blumen oder anderer Schmuck weggeräumt.
Im Gottesdienst wird die Erzählung über den Tod von Jesus aus der Bibel vorgelesen. Auch in den Gebeten und Liedern wird daran erinnert. Es gibt bedeutende Musikstücke, die von dem Tod Jesu handeln. Sie werden häufig im Gottesdienst aufgeführt.
Am Nachmittag wird um 15 Uhr die Todesstunde von Jesus in einem weiteren Gottesdienst begangen. Das ist eine sehr schlichte Feier.
Der Karfreitag ist ein besonders geschützter Feiertag. Öffentliche Tanz- und Sportveranstaltungen sind weitgehend verboten. Damit wird die Wichtigkeit des Tages hervorgehoben.
In vielen Familien ist es an diesem Tag Brauch, Fisch statt Fleisch zu essen.

Beantworte die Fragen mit Hilfe des Textes:

1. Welche Erinnerung steht im Mittelpunkt des Karfreitags?

____

2. Was ist das zentrale Symbol des Tages?

____

3. Woher hat der „Karfreitag" seinen Namen?

____

4. Wie ist der Kirchenraum an dem Tag gestaltet?

____

5. Gibt es auch familiäre Karfreitags-Bräuche?

____

6. Feiert man den Karfreitag immer an einem Freitag?

____

Karfreitag – Wissenswertes

Kreuzsymbole

Lateinisches Kreuz / Passionskreuz

Das Lateinische Kreuz ist hierzulande das meistverbreitete Kreuz. Der Längsbalken ist länger als der Querbalken, der oberhalb der Mitte den Längsbalken kreuzt.
Das Kreuz steht für den Tod Jesu am Karfreitag, es zeigt aber auch die Verbundenheit des Himmlischen mit dem Irdischen.

Griechisches Kreuz

Das griechische Kreuz besteht aus vier gleich langen Balken. Von ihm leiten sich weitere Kreuzformen ab. Es ist bestimmend für den Grundriss vieler byzantinischer und syrischer Kirchenbauten.

Jerusalemer Kreuz

Die vier kleinen Kreuze in den Winkeln eines großen Mittenkreuzes werden beim Jerusalemer Kreuz als Hinweis auf die fünf Wunden Jesu verstanden. Es ist Abzeichen des Ordens der Ritter des Heiligen Grabes.

Andreaskreuz

Beim Andreaskreuz kreuzen sich zwei gleich lange diagonal verlaufende Balken mittig. Es war das Symbol der gekreuzten Hölzer des Feueropferaltars. Es ist nach dem Apostel Andreas benannt. Andreas soll an einem Kreuz dieser Form hingerichtet worden sein. Das Andreaskreuz findet man heute an Bahnübergängen.

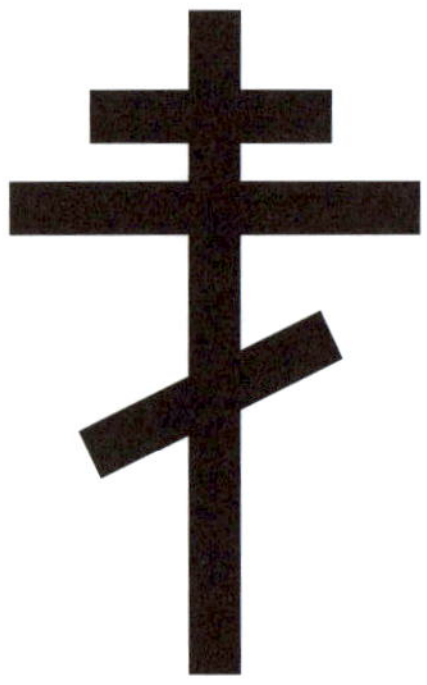

Russisches/Byzantinisches Kreuz

Das Russische oder Byzantinische Kreuz ist das Kreuz der russisch-orthodoxen Kirche. Zwei parallele, waagerechte Balken schneiden die Senkrechte, die darunter noch einen dritten, schräggestellten Balken kreuzt, der das Brett zum Abstützen der Füße darstellen soll.

Aufgaben:

In welchen Wortkombinationen/zusammengesetzten Worten findest du heute in unserem Sprachgebrauch das Wort „Kreuz"? (Kreuzworträtsel …)

Wo findet man heute Kreuze im Alltag? (Kirchen …)

Sind Kreuze eher ein Symbol für Trauer oder Hoffnung oder …? Begründe.

Karfreitag – Vertiefendes

Jesu Tod

Die Soldaten brachten Jesus zu einem Hügel vor der Stadt. Sie stellten dort ein Kreuz auf und nagelten Jesus daran fest. Dann hielten sie Wache.
Einige Neugierige kamen vorbei. Sie wollten sehen, wie Jesus am Kreuz hing. Sie machten sich über ihn lustig und riefen: „Los, wenn du Gottes Sohn bist, dann steig' doch vom Kreuz herab!" Auch die Soldaten lachten über Jesus.
Keiner der Jünger war bei Jesus geblieben. Nur einige Frauen schauten aus der Ferne zu. Sie waren mit Jesu und den Jüngern durch Israel gezogen.
Am Nachmittag verdunkelte sich plötzlich der Himmel. Die Sonne verlor ihren Schein. Es wurde ganz finster und die Erde bebte. Jesus rief am Kreuz: „Gott, mein Vater, in deine Hände befehle ich meinen Geist." Dann starb er.
Am Abend nahmen Freunde Jesus vom Kreuz ab. Die Frauen begleiteten sie dabei. Sie brachten den toten Jesus in eine Höhle. In solchen Höhlen wurden die Verstorbenen in Israel beerdigt. Vor die Höhle rollten die Männer einen großen Stein. Damit wurde das Grab verschlossen. Jesus war beerdigt. Die Freunde und die Frauen waren sehr traurig. Sie gingen weinend nach Hause.

(Kleine Calwer Kinderbibel S. 124–126)

Aufgaben:

Erstelle einen kleinen Kreuzweg – welche Stationen kann man aus dem Bericht ableiten und benennen?

Gibt es dafür passsende Symbole?

Welche Stelle des Berichts macht dich besonders traurig?

Karfreitag – Kreatives

Ein Kreuz ist ein Symbol für Trauer, Schmerz und Tod. Male in die unterschiedlichen Felder des Kreuzes Symbole für Trauer und Schmerz oder auch Szenen aus der Passionsgeschichte, die dich besonders berühren.

Karfreitag – Aktives

Kreuzweg

Alle Schülerinnen und Schüler überlegen sich gemeinsam im Unterricht, wo es in ihrer Umgebung Orte gibt, an denen Leid und Schmerz im Vordergrund sind. Das können Friedhof, Orte von Verkehrsunfällen, geschichtliche Orte der NS-Diktatur, Brennpunkte von Überfällen sowie Gewalt oder auch geschlossene Geschäfte etc. sein.

Dann wird ein Plan ausgearbeitet, dass man in vorgegebener Zeit diese Orte besucht und dort jeweils kurz verweilen und sich eventuell informieren kann.

Vielleicht kann man auch jeweils eine kleine Kerze dort entzünden.

Dann gehen alle auf den Kreuzweg.

Beispiel: www.jugendkreuzweg-online.de

Welche Stationen fallen dir ein?

____

____

____

____

Diskutiere einen Ablauf in der Klasse.

Ostern – Sachliches

An Ostern feiern die Christen die Auferstehung von Jesus Christus. Weil es ein wichtiges Fest ist, feiert man Ostern an zwei Tagen: Ostersonntag und Ostermontag.
Das Osterfest wird jedes Jahr an einem anderen Datum gefeiert. Das liegt daran, dass der Termin sich nach dem ersten Vollmond im Frühjahr berechnet. Der ist jedes Jahr an einem anderen Tag. Ostern ist am ersten Sonntag nach dem ersten Frühjahrsvollmond.
Ostern gibt es viele Bräuche:
In der Osternacht werden an vielen Orten Osterfeuer entzündet. In den Kirchen wird die Osternacht gefeiert. Häufig findet dabei auch eine Taufe statt.
Bei Morgengrauen wird in der Kirche der Ostermorgen gefeiert. In die dunkle Kirche wird die Osterkerze getragen. Von ihr erhalten alle anderen Kerzen ihr Licht. Wie das helle Licht die Dunkelheit, so hat auch Jesus den Tod besiegt. Im Anschluss findet in vielen Gemeinden ein gemeinsames Osterfrühstück statt.
Osterei und Osterhase sind bekannte Ostersymbole. Beide sind Zeichen des Lebens und der Fruchtbarkeit. Sie sind zum Zeichen des neuen Lebens des auferstandenen Jesus geworden.

Beantworte die Fragen mit Hilfe des Textes:

1. Was wird an Ostern gefeiert?

____

2. Welche Tage gehören zum Osterfest?

____

3. Welche christlichen Feste werden ebenfalls zwei Tage gefeiert?

____

4. Ostern ist ein beweglicher Feiertag – was bedeutet das?

____

5. Wie errechnet man, wann Ostern gefeiert wird?

____

6. Welche Osterbräuche kennst du?

____

Ostern – Wissenswertes

Osterbräuche und ihre Bedeutung

Foto: Pixabay/s-ms_1989 (cco)

Osterkerze

Der Brauch der Osterkerzen ist sehr alt. Am frühen Ostermorgen wird eine einzelne große Osterkerze in die dunkle Kirche getragen. Dabei erklingt der Wechselgesang „Christus, Licht der Welt" – „Gott sei ewig Dank!". Danach erst wird die Kirche erhellt, oftmals so, dass alle Gläubigen kleine Osterkerzen an der großen Kerze entzünden. Die Kerzenlichter symbolisieren Jesu Auferstehung, mit der der Tod und die Dunkelheit der Welt überwunden sind.

Foto: Karin Klem

Osterfeuer

Am Abend vor dem Osterfest wird oftmals ein Osterfeuer entzündet. Der Brauch erfreut sich großer Beliebtheit und ist schillernd. Er hat heidnische Wurzeln. Nach dem kalten Winter soll im Frühling durch das Feuer die Sonne auf die Erde gezogen werden, um die Erde nach einem langen Winter wieder zu wärmen und die Erntezeit einzuleiten. Häufig wird am frühen Ostermorgen an der Glut des Feuers die Osterkerze entzündet.

Foto: Pixabay/Hans Braxmeier (cco)

Osterei

Das Osterei ist ein altes Symbol für die Auferstehung Jesu. Das Öffnen der Schale des Eis wird häufig mit dem Öffnen des leeren Grabes verglichen. Daher sind (gefärbte) Hühnereier, aber auch Schokoladeneier ein sehr beliebter Osterbrauch. Dabei gibt es unzählbare Traditionen im Umgang mit den Ostereiern. Überregional bekannt ist das Verstecken der Ostereier, aber auch das Eierwerfen oder auch das Ostereierpecken (der Versuch zweier Spieler, die Eierschale an der Spitze zu zerbrechen) und vieles mehr.

Foto: Pixabay/PublicDomainPictueres (cco)

Osterhase

Der Osterhase bemalt, überbringt und versteckt in der allgemeinen Vorstellung die Ostereier am Ostermorgen. Die maschinelle Fertigung des Osterhasen als Schokoladenhasen hat zu der breiten Verbreitung dieser Anschauung geführt. Damit hat der Hase ältere Traditionen, wie Kuckuck, Fuchs oder Storch abgelöst. Die Verbindung des Hasen zum Osterfest ist allerdings alt, die Wurzeln aber unklar. Zudem ist der Hase, wegen seiner enormen Fruchtbarkeit, ein altes Symbol des Frühlings und legt von daher eine Beziehung zu Ostern nahe.

Aufgaben:

Kennst du noch weitere Wortverbindungen, in denen „Ostern" vorkommt? (*Osterinseln* ...)

____

____

Kennst du noch weitere Bräuche und kannst sie erklären?

____

____

____

Welcher Brauch ist dir am liebsten?

____

Ostern – Vertiefendes

Jesu Auferstehung

Am Morgen gingen die Frauen voller Trauer wieder zum Grab. Sie fanden das Grab offen. Der Stein war weggewälzt! Erschrocken und verwirrt schauten sie sich um. Sie gingen hinein, doch sie fanden Jesus nicht im Grab.

Da erschienen ihnen zwei Engel. Ihre Gestalt war wie ein Blitz und ihre Gewänder waren strahlend hell. Sie sagten zu den Frauen: „Ihr sucht Jesus. Aber er ist nicht hier. Er ist auferstanden, er lebt! Erzählt das seinen Jüngern."

Schnell kehrten die Frauen um, liefen zu den Jüngern und berichteten ihnen alles.

(Kleine Calwer Kinderbibel S. 128)

Es ist nicht einfach, sich die Auferstehung vorzustellen. Deutlich ist, Jesus war tot, doch durch seine Auferstehung erlebten die Menschen ihn lebendig nahe. Der Tod hat nicht das letzte Wort. Immer wieder haben Menschen versucht, das auszudrücken. Beispielsweise in Vergleichen und Bildern.

Foto: Pixabay/631372 (cco)

Der Schmetterling

Die Verwandlung der Raupe zum Schmetterling passt gut als Vergleich für die Auferstehung. Der Schmetterling als Bild für die Auferstehung ist uralt. Die Raupe verwandelt sich in die Puppe. Nachdem die Puppe geschlüpft ist, bleibt die Puppenhülle leer zurück. Der Schmetterling breitet seine Flügel aus und fliegt in den Himmel. Davon ahnte die Raupe nichts.

Aufgaben:

Schreibe eine Geschichte. Was denkt die Raupe?

Fallen dir weitere Bilder und Vergleiche ein?

Vielleicht kannst du eine Liedzeile dazu dichten? Auferstehung ist wie ...?

Welches Bild oder Foto könnte man dazu machen?

Ostern – Kreatives

Ostergarten

Mit dem Ostergarten wird die biblische Geschichte von Tod und Auferstehung Jesu als kleine Landschaft gestaltet. Bei dem Gestalten kann man über verschiedene Stationen und unterschiedliche Wegstrecken von Jesus nachdenken.

Foto: Pixabay/congerdesign

Was ihr zum Basteln benötigt:

- ✓ eine Obst- oder Weinkiste
- ✓ eine Mülltüte
- ✓ Blumenerde
- ✓ große Kieselsteine
- ✓ Frühlingsblüher und Blumensamen
- ✓ etwas Sand
- ✓ kleine Stöckchen
- ✓ einen Blumentopf aus Ton
- ✓ ein paar Holzplättchen oder flache Kieselsteine
- ✓ Moos aus Garten und Wald

Werkzeug:
- ✓ eine Schere
- ✓ eine kleine Garten- oder Sandschaufel

Anleitung:

Die Kiste muss mit einer Mülltüte oder Plastikfolie ausgekleidet werden, damit beim Gießen kein Wasser ausläuft. Gut ist es, wenn man die Folie mit einer Schicht Kieselsteine auffüllt.

Danach eine Schicht Erde darüber auffüllen, bis keine Steine mehr zu sehen sind.

Nun kann man gestalten. Beispielsweise kann man an der einen Seite aus den kleinen Stöckchen drei Kreuze gestalten, eine Grabeshöhle durch einen Tontopf daneben (hier kann man an Ostern eine kleine Kerze hineinstellen …) und davon ausgehend einen Weg mit den Fingern plattdrücken.

Daneben dann die Frühblüher, Blumensaat oder Kresse/Katzengras pflanzen oder säen, die den Weg begleiten. Dazu Moos in der Kiste verteilen. Dabei den Weg frei lassen. Alles vorsichtig andrücken.

Eventuell etwas Sand auf den Weg streuen, leicht andrücken.

Mit Holzplättchen den Weg auslegen. Gut eignen sich auch flache Fluss-Kieselsteine. Alternativ kann der Wegesrand mit kleinen Kieseln ausgelegt werden.

Jetzt hegen und pflegen, gießen, bis die Saat aufgeht – fängt man rechtzeitig vor Ostern an, dann hat man zu Ostern einen wunderschön grünen, blühenden Ostergarten.

Ostern – Aktives

Hoffnungssteine

Du brauchst:

- ✓ Steine (aus dem Garten, Baustoffhandel …)
- ✓ Evtl. Grundierung (dann leuchten die Farben mehr und man kann die Schrift besser erkennen)
- ✓ Acrylfarbe/Nagellack, wasserfeste Stifte (Edding oder Posca-Lackstifte gehen am besten)
- ✓ Versiegelung farbloser Acryllack/Klarlack (zum Sprühen oder umweltschonender zum Aufpinseln), Nagellack oder Bootslack

Foto: Karin Klem

Hoffnungsmotive:

Engel – Herz – Regenbogen – Anker – Kerze – Kreuz – Kirche – Sonne – Marienkäfer – Leuchtturm …

Hoffnungsworte:

- ➢ Denn ich weiß wohl, was ich für Gedanken über euch habe, spricht der HERR: Gedanken des Friedens und nicht des Leides. (Jeremia 29,11)
- ➢ Der HERR ist mein Hirte. (Psalm 23,1)
- ➢ Seid getrost und unverzagt alle, die ihr des HERRN harret. (Psalm 31,25)
- ➢ Du bist mein Schutz und mein Schild; ich hoffe auf dein Wort. (Psalm 119,114)
- ➢ Der HERR behüte dich vor allem Übel, er behüte deine Seele. Der HERR behüte deinen Ausgang und Eingang von nun an bis in Ewigkeit! (Psalm 121,7–8)
- ➢ Nun aber bleiben Glaube, Hoffnung, Liebe, diese drei; aber die Liebe ist die größte unter ihnen. (1. Korinther 13,13)
- ➢ Kommt her zu mir, alle, die ihr mühselig und beladen seid; ich will euch erquicken. (Matthäus 11,28)

Christi Himmelfahrt – Sachliches

40 Tage nach Ostern feiern die Christen die Himmelfahrt Christi. An diesem Tag wird an die Erhöhung von Jesus Christus erinnert. Der Feiertag ist immer ein Donnerstag.
Die biblische Geschichte von der Himmelfahrt bildet den Mittelpunkt der Gottesdienste an diesem Tag.
Im Evangelium von Lukas wird erzählt: Nach seiner Auferstehung hat Jesus sich 40 Tage lang seinen Jüngern gezeigt. Dann nimmt er Abschied von ihnen und wird von einer Wolke in den Himmel aufgenommen. Das meint: Er ist bei Gott.
Zu diesem Fest gibt es keine besonderen Bräuche und Traditionen, die mit den anderen Festen vergleichbar wären.
Unabhängig von der Kirche wird der Tag auch „Vatertag" genannt. Es ist an diesem Tag Brauch, als Herrenrunden oder inzwischen auch als Familie, Tagesausflüge ins Grüne zu unternehmen.

Beantworte die Fragen mit Hilfe des Textes:

1. Wie berechnet man, wann der Himmelfahrtstag gefeiert wird?

____

2. Welcher Wochentag ist immer der Himmelfahrtstag?

____

3. Woran denkt man an diesem Tag?

____

4. Welche besonderen Bräuche gibt es an diesem Tag?

____

5. Welche weltliche Bezeichnung hat der Himmelfahrtstag?

____

6. Was veranstalten vor allem Männer an diesem Tag?

____

Christi Himmelfahrt – Wissenswertes

Mit der Vorstellung vom Himmel kann man durcheinanderkommen. Beispielsweise: Du fliegst mit dem Flugzeug in den Urlaub. Du bist weit oben im Himmel. Aber Gott siehst du nicht. Wie kann das angehen? Es heißt doch, Gott ist im Himmel.

Die deutsche Sprache hat ein Wort für Himmel. Obwohl wir Unterschiedliches meinen, benutzen wir das gleiche Wort: Himmel. In der englischen Sprache gibt es zwei Wörter für Himmel. Diese Wörter können helfen, die Vorstellungen zu unterscheiden.

Es sind die Worte: „Sky" und „Heaven".

Sky ist der Himmel, den wir sehen. Im Sky befindest du dich, wenn du mit dem Flugzeug in den Urlaub fliegst.

Heaven ist der Himmel, von dem die Bibel spricht. Gott ist im Heaven. Er wohnt nicht im Sky. Auch, wenn man sagt: Mir geht es himmlisch gut, meint man den Heaven.

Aufgaben:

Ordne folgende Worte in der Tabelle **Sky** und **Heaven** zu. Fallen dir weitere Beispiele ein?

Flugzeug – Gott – Drachen – Adler – Petrus – Hubschrauber – Engel – Hoffnung – Jesus – Schneeflocken – Frieden – Regenbogen – Tod – Himmelfahrt

 Sky	Heaven 

Christi Himmelfahrt – Vertiefendes

Jesu Himmelfahrt

Jesus ist seinen Jüngern bei Emmaus erschienen. Vierzig Tage lang blieb Jesus bei seinen Jüngern.

Dann gingen sie gemeinsam auf den Ölberg. Plötzlich nahm eine Wolke Jesus vor ihren Augen auf. Zwei Engel erschienen. Sie sagten den Jüngern: „Habt keine Angst. Jesus ist jetzt bei Gott im Himmel. Er wird einmal wiederkommen." Die Jünger kehrten nach Jerusalem zurück.

(Kleine Calwer Kinderbibel S. 134)

Viele Menschen finden die Vorstellung sehr tröstlich: Jesus ist im Himmel und beschützt und bewahrt die Menschen. Mit ihm passen auch Engel auf. Ein altes Gebet geht so:

Abends, will ich schlafen gehn,
vierzehn Engel um mich stehn:
zwei zu meinen Häupten,
zwei zu meinen Füßen,
zwei zu meiner Rechten,
zwei zu meiner Linken,
zweie die mich decken,
zweie die mich wecken,
zweie die mich weisen
zu Himmels Paradeisen.

(Abendgebet, Des Knaben Wunderhorn)

Aufgaben:

Wenn du Jesus oder die Engel etwas fragen könntest, was wäre deine Frage?

____

____

____

Wen oder was soll Jesus oder die Engel besonders behüten?

____

____

____

Wenn Jesus wiederkommt. Wohin geht er und was macht er da?

____

____

____

Christi Himmelfahrt – Kreatives

Schreibe ein Akrostichon. Das klingt sehr kompliziert. Ist es aber nicht. Jeder untenstehende Buchstabe ist der Anfang eines Wortes oder sogar Satzes.

Du sollst nun zum Thema „Himmelfahrt" ausprobieren, zu jedem Buchstaben ein Wort oder Satz zu finden. Viel Spaß!

H ______________________________

I ______________________________

M ______________________________

M ______________________________

E ______________________________

L ______________________________

F ______________________________

A ______________________________

H ______________________________

R ______________________________

T ______________________________

Christi Himmelfahrt – Aktives

Wir bauen eine Himmelskiste

Gestalte deinen Karton so, dass erkennbar wird, dass er eine Aussage über den Himmel macht.

Du brauchst:

✓ einen Schuhkarton, Schere, Klebstoff, Tesa
✓ Materialien aus der Natur (Blätter, Blüten, Federn, Muscheln ...)
✓ Draht, buntes Papier, Glanzpapier, Pappe, Wolle, Korken, Stoffreste, Zeitungen ...

Aufgaben:

1. Denke dir eine Überschrift für deine Himmelskiste aus.

___

2. Das Besondere an meiner Himmelskiste ist ...

___

3. Was ich über den Tod und was danach kommt durch die Himmelskiste erfahren habe ...

___

___

4. Eine Himmelskiste kann (keinen) Trost geben, denn ...

___

___

5. Denke dir eine Geschichte zu deiner Himmelskiste aus:

___

___

___

___

___

Pfingsten – Sachliches

Pfingsten kommt von dem griechischen Wort „Pentekoste". Das bedeutet übersetzt „der 50. Tag".
Pfingsten feiert man 50 Tage nach Ostern. Weil es ein wichtiges Fest ist, feiert man es Pfingstsonntag und Pfingstmontag.
An Pfingsten feiert man die Ausgießung des Heiligen Geistes und die Gründung der christlichen Gemeinde. Im Mittelpunkt des Gottesdienstes steht die biblische Erzählung von dem Pfingstfest. Sie berichtet: Die Jünger und Apostel leben nach der Himmelfahrt von Jesus in Jerusalem zusammen. Der Heilige Geist kommt auf die Jünger herab. Er ist Gottes wirksame Kraft. Er ermöglicht, dass die Jünger und Apostel in anderen Sprachen predigen. Es ist das Pfingstwunder.
Im Anschluss daran ergreift Petrus das Wort. Er fordert die Menschen zur Umkehr und Taufe auf. Daraufhin lassen sich viele Menschen taufen. Damit ist die erste christliche Gemeinde gegründet. Pfingsten nennt man deshalb häufig auch den „Geburtstag der Kirche".
Es gibt keine besonderen Bräuche zu Pfingsten. In manchen Gegenden werden die Haustüren mit Birkenzweigen geschmückt.

Beantworte die Fragen mit Hilfe des Textes:

1. Wann feiert man Pfingsten?

____

2. Feiert man Pfingsten immer am gleichen Datum?

____

3. Welche Kraft Gottes steht im Mittelpunkt des Festes?

____

4. Wer ist Petrus?

____

5. Wie nennt man Pfingsten manchmal auch?

____

6. Welche besonderen Bräuche gibt es an diesem Tag?

____

Pfingsten – Wissenswertes

Gott schenkt Menschen, die an ihn glauben, Kraft und Mut, sich für andere Menschen einzusetzen. Der Heilige Geist ist eine große Kraftquelle für diese Menschen. Manche Christen werden so wichtige Vorbilder.

Albert Schweitzer

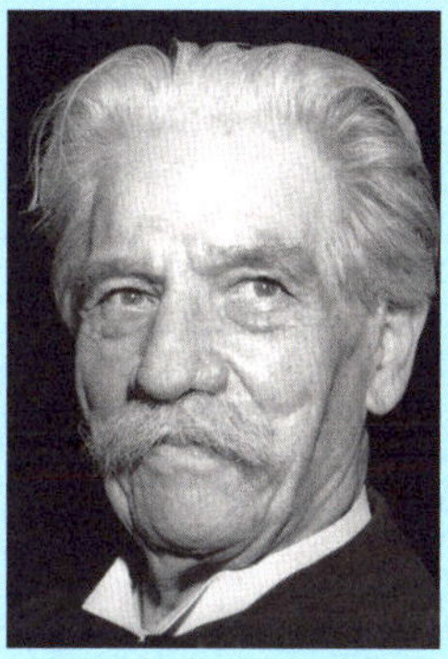

Bundesarchiv Bild 183–D0116–0041–019

Albert Schweitzer wurde 1875 geboren. Sein Vater war Pfarrer. Albert Schweitzer hatte viele starke Talente. Er studierte Theologie und Philosophie. Er wurde Pfarrer und später sogar Professor. Zugleich war er ein begabter Organist. Er spielte viele Konzerte an großen Orgeln. Und er schrieb Bücher, sowohl über Jesus als auch über Musik.

Sein großer Traum war es jedoch, Medizin zu studieren. Er wollte anderen Menschen helfen. Am liebsten kranken Menschen in Afrika. So fing er noch einmal von Anfang an und studierte Medizin. Dazu gehört viel Mut! Als er fertig war, reiste er mit seiner Frau in das kleine Dorf Lambaréné/Gabun nach Afrika. Dort baute er ein Urwaldkrankenhaus auf. Nach Europa kam er nur noch, um Geld und Medikamente für sein Krankenhaus zu sammeln. Dafür hielt er Vorträge oder gab Konzerte.

Schnell wurde Albert Schweitzer als Urwald-Arzt bekannt. Er engagierte sich nicht nur für die kranken Menschen, sondern auch für verfolgte und bedrohte Menschen, für Frieden und eine Welt ohne Waffen und Atomrüstung. Dafür erhielt er den Friedensnobelpreis. 1965 starb er in Lambaréné.

Aufgaben:

Ist Albert Schweitzer ein überzeugendes Beispiel für einen Christen?

Kann man sagen, dass er von dem Heiligen Geist bewegt wurde?

Kennst du andere Menschen, die Vorbilder sind, weil sie ihren Glauben in die Tat umsetzen? Es müssen keine bekannten Menschen sein.

Wo könntest du oder deine Klasse sich einsetzen?

Pfingsten – Vertiefendes

Pfingsten

Zur Feier des großen Pfingstfestes kamen viele Menschen nach Jerusalem. Die Stadt war voller fremder Menschen.

Die Jünger feierten das Fest gemeinsam. Plötzlich kam ein großes Brausen vom Himmel. Der Heilige Geist erfüllte die Jünger Jesu. Sie lobten Gott voller Freude. Sie sangen und tanzten mit ausgelassener Fröhlichkeit.
Petrus ging auf die Straße und redete zu den Menschen dort. „Wundert euch nicht, dass ihr uns so fröhlich und voller Hoffnung seht. Jesus war tot, er ist aber auferstanden und zum Himmel aufgefahren! Nun hat er uns seinen Heiligen Geist geschickt. Der erfüllt uns mit Mut und gibt uns ein fröhliches Herz.

Kommt, glaubt auch an Jesus und lasst euch taufen!"

Viele Menschen folgten den Worten des Petrus. Sie schlossen sich den Jüngern an. Sie glaubten an Jesus und ließen sich taufen. Jeden Tag kamen neue Menschen hinzu. Das war die erste Gemeinde.

(Kleine Calwer Kinderbibel S. 134–136)

Sicherlich hat Petrus noch viel mehr Worte gepredigt, als er auf die Straße gegangen ist. Der Heilige Geist hat ihn dazu begeistert. Er hat Mutmachworte gesprochen. Denn: Die Menschen veränderten ihr Leben. Sie schlossen sich der Gemeinde Jesu an. Sie bekamen Mut, Kraft und Schwung für ihr Leben.

Mutmachworte aus der Bibel können sein:

- Mit meinem Gott kann ich über Mauern springen. (Psalm 18,30)
- Er wird deinen Fuß nicht gleiten lassen, und der dich behütet, schläft nicht. (Psalm 121,3)
- Mache dich auf, werde Licht; denn dein Licht kommt! (Jesaja 60,1)
- Gott hat uns nicht gegeben den Geist der Furcht, sondern der Kraft und der Liebe und der Besonnenheit. (2. Timotheus 1,7)
- Befiehl dem Herrn deine Wege und hoffe auf ihn, er wird's wohlmachen. (Psalm 37,5)
- Der Herr ist mein Hirte. (Psalm 23,1)

Aufgaben:

Welches Mutmachwort der Bibel gefällt dir? Unterstreiche es.
Kennst du noch weitere Mutmachworte der Bibel?

____

____

Kannst du dir eigene Mutmachworte ausdenken?

____

____

Pfingsten – Kreatives

Pfingsten ist auch die Geburtsstunde der Gemeinden und Kirche. Anfangs gab es noch keine Kirchbauten. Die entwickelten sich erst im Laufe der Jahrhunderte. Heute gibt es eine Vielzahl von Kirchbauten.

Aufgabe:

Richte eine Kirche ein. Wohin gehören die wichtigsten Einrichtungsgegenstände der Kirche?
Orgel – Altar – Taufbecken – Kanzel – Bänke

Pfingsten – Aktives

Der Heilige Geist wird in der Bibel mit unterschiedlichen Symbolen beschrieben. Mal als Wasser oder Wind, auch als Taube. Der Heilige Geist kam zu Jesus wie eine Taube. In vielen Kirchen finden sich an den Kanzeln oder an anderen Orten Tauben geschnitzt, gemalt oder auch anders dargestellt.

Aufgabe:

Schneide die Taube aus. Schreibe auf sie einen Satz, der mit „Gottes Geist …" beginnt (beispielsweise „Gottes Geist macht lebendig!"). Dann male sie bunt, auffällig und schön an. Im Anschluss an die Malaktion macht ihr eine Ausstellung in der Schule oder verteilt sie in und um das Schulgelände oder auch in der Stadt. Hängt sie an die Bäume, Sträucher oder wo auch immer – so weht der Heilige Geist ein klein wenig in und um die Schule.

Erntedankfest – Sachliches

Das Erntedankfest feiert man in der Regel am Sonntag nach dem Tag des Erzengels Michael. Michaelis, wie man sagt, ist am 29. September. Der darauf folgende Sonntag ist der Termin des Erntedankfestes.
An Erntedank danken die Christen für die Früchte der Ernte. Sie sehen die Erntegaben als Gottesgeschenk an. Im Zentrum des Erntedankfestes steht die Feier Gottes als Geber aller Gaben und der ihm dafür gebührende Dank.
Am Erntedanktag wird der Altar und Altarraum in der Kirche mit Erntegaben geschmückt. Die Gaben dazu werden meistens von den Menschen aus der Gemeinde gespendet. Früchte der Felder und der heimischen Gärten werden in der Kirche dekoriert.
Oftmals schwebt über alledem eine Erntekrone aus Getreidehalmen. In manchen Gebieten wird die Erntekrone in einem Umzug in die Kirche gebracht.
Im Anschluss an den Gottesdienst werden die Gaben meistens für einen guten Zweck zur Verfügung gestellt. Man spendet sie für Obdachlose oder Armenküchen.

Beantworte die Fragen mit Hilfe des Textes:

1. Wann begeht man das Erntedankfest?

___

2. Auf welchen Wochentag fällt es immer?

___

3. Wofür danken die Christen vor allem an diesem Tag?

___

4. Wo wird das Erntedankfest ausgiebiger gefeiert? In der Stadt oder auf dem Land?

___

5. Welche Bräuche gibt es?

___

Erntedankfest – Wissenswertes

Der bekannte Dichter Matthias Claudius (1740–1815) hat viele Liedtexte verfasst. Sehr bekannt ist „Der Mond ist aufgegangen". Das Lied wird heute noch gerne gesungen. „Wir pflügen, und wir streuen" ist ein weiteres Lied von Matthias Claudius. Dieses Lied wurde früher zunächst in Schulen viel gesungen. Dann wurde es in das Gesangbuch aufgenommen.

Manchmal ist die Sprache nicht leicht zu verstehen. Aber die Ausdrucksweise von Matthias Claudius beschreibt auch heute noch anschaulich und mit berührenden Bildern das Schöpfungshandeln Gottes.

Wir pflügen und wir streuen

1. Wir pflügen und wir streuen
den Samen auf das Land,
doch Wachstum und Gedeihen
steht in des Himmels Hand:
der tut mit leisem Wehen
sich mild und heimlich auf
und träuft, wenn heim wir gehen,
Wuchs und Gedeihen drauf.

2. Er sendet Tau und Regen
und Sonn- und Mondenschein,
er wickelt seinen Segen
gar zart und künstlich ein
und bringt ihn dann behände
in unser Feld und Brot:
Es geht durch unsre Hände,
kommt aber her von Gott.

3. Was nah ist und was ferne,
von Gott kommt alles her,
der Strohhalm und die Sterne,
der Sperling und das Meer.
Von ihm sind Büsch und Blätter
und Korn und Obst von ihm,
das schöne Frühlingswetter
und Schnee und Ungestüm.

4. Er lässt die Sonn aufgehen,
er stellt des Mondes Lauf;
er lässt die Winde wehen
und tut den Himmel auf.
Er schenkt uns so viel Freude,
er macht uns frisch und rot;
er gibt den Kühen Weide
und unsern Kindern Brot.

Refr.: Alle gute Gabe kommt her von Gott dem Herrn,
drum dankt ihm, dankt, drum dankt ihm, dankt und hofft auf ihn!

Aufgaben:

Welche Strophe gefällt dir besonders? Warum?

___

___

Ein Sprichwort lautet. „Jeder ist seines Glückes Schmied" – was würde Matthias Claudius wohl auf das Sprichwort antworten?

___

___

Erstelle ein Leporello für das Lied und male dazu Bilder.

Erntedankfest – Vertiefendes

„Gott hat uns die Erde anvertraut. Wir müssen die Erde schützen und bewahren", so sagen viele Christinnen und Christen. Sie berufen sich dabei auf die Bibel. Ein Beispiel, wie man sich für den Erhalt der Erde einsetzen kann, gibt eine Schülerin aus Schweden.

Greta Thunberg

Foto: Pixabay/Gerd Altmann

Greta wird am 3. Januar 2003 in Schweden geboren. Sie ist die Tochter eines Schauspielers und einer Opernsängerin. Mit acht Jahren erfährt sie das erste Mal von dem Klimawandel. Ihre Klasse behandelt das Thema in der Schule. Greta will selbst aktiv werden. Sie fängt an, Strom zu sparen. Sie macht zum Beispiel das Licht aus, wenn sie einen Raum verlässt. Mit 15 gewinnt sie den Schreibwettbewerb einer großen schwedischen Zeitung. Ihr Artikel über die Umweltpolitik wird veröffentlicht. Umweltschützer beginnen daraufhin, ihr zu schreiben. Ein Freund Gretas schlägt vor, einen Schulstreik wegen des Klimawandels zu machen. Greta ist begeistert. Allerdings findet sie bei niemandem Unterstützung. Am 20. August 2018 demonstriert sie ganz allein vor dem schwedischen Reichstag. Doch Greta hält durch. Sie streikt zunächst jeden Tag, dann immer freitags. Nach und nach findet sie weltweit Nachahmerinnen und Nachahmer. Es bildet sich die Fridays-for-Future-Bewegung. Am 15. März 2019 erreicht der Streik den bisherigen Höhepunkt: In insgesamt 2032 Orten in 125 Ländern weltweit versammeln sich 1,5 Millionen Schülerinnen und Schüler. Dadurch bekommt Greta und ihr Anliegen viel Aufmerksamkeit. Greta spricht mit vielen Politikerinnen und Politiker und redet vor vielen Konferenzen. Das Problem des Klimawandels wird so zu einer unübersehbaren Aufgabe der Menschheit.

Für Kinder erklärt. Mach dich schlau über den Klimawandel:

- Klimawandel – Ursache und Folgen weltweit (2.27 min)
  https://www.youtube.com/watch?v=E1ZC0FT8z24
- Klimawandel und UNO für Kinder (4.00 min)
  https://www.youtube.com/watch?v=5urN1eltnHo

Aufgaben:

Welche Fragen würdest du gerne Greta stellen?

Ist Greta ein Vorbild? Kennst du noch ähnliche Menschen wie sie?

Die schwedische Kirche nennt Greta eine Nachfolgerin von Jesus und Prophetin. Wie kommt sie darauf? Was könnte ihr Einsatz mit Gott zu tun haben?

Ein Sprichwort sagt: Viele kleine Leute an vielen kleinen Orten, die viele kleine Schritte tun, können das Gesicht der Welt verändern. Fallen dir Schritte gegen den Klimawandel ein?

Erntedankfest – Kreatives

Dank-Tagebuch

Viele Dinge laufen schief in der Welt. Es gibt eine Menge, worüber man klagen kann: Umweltverschmutzung, Müll, Abgase, Klimawandel, Kinderarmut und, und, und …

Oftmals fällt es leichter zu sagen, was einem nicht gefällt, was fehlt und anders sein muss. Gott hört all die Klagen. Aber das Gute und Schöne gibt es auch. Das ist leicht zu übersehen, weil die Probleme so groß sind. Das Dank-Tagebuch möchte dich auf die wundervolle Seite des Lebens aufmerksam machen.

Setze dich an jedem Abend der kommenden Woche an deinen Schreibtisch und denke nach. Wofür bist du an diesem Tag richtig dankbar gewesen. Nimm dir ein kleines Heftchen oder schönes Papier. Schreibe nun fünf Erlebnisse, Begebenheiten … auf. Du kannst dich dabei auch direkt an Gott wenden.

Foto: Pixabay/Stefan Schweikhofer

Erntedankfest – Aktives

Foto: Pixabay/kakuko (cco)

Jede und jeder kann die Erde ein Stück besser und lebenswerter machen. Gerade beim Thema Umweltschutz sind wir alle gefordert. Ein Stoff, der große Probleme macht, ist der Plastik- oder Kunststoffmüll.

Warum? Das siehst du hier:

- Schlaumal: Plastik im Meer (4.46 min)
  https://www.youtube.com/watch?v=uvcleXH_GF8

- ZDF/heute plus: Plastik im Meer (1.41 min)
  https://www.youtube.com/watch?v=Ccj_H__4KGQ

Plastikmüll ist also ein großes Problem. Gut ist es, wenn man diesen Müll vermeidet. Dann entsteht der Müll erst gar nicht. Die Idee: Versuche mit deiner Klasse, eine Woche ohne Plastikmüll auszukommen!

Und so geht's:

1. Besichtigung: Schaue dich zunächst in deinem Ranzen, Tasche und in der Klasse um. Wo findest du Plastik? Muss das alles aus Plastik sein?

2. In folgendem Film findest Tipps, wie man auf Plastik verzichten kann:
   Einfache Tipps, um Plastik zu vermeiden! / Tigerenten Club / SWR Kindernetz
   - *https://www.youtube.com/watch?v=nVPgglFl6s8*

3. Versuche, die Tipps umzusetzen. Kontrolliere jeden Tag beim Frühstück, Trinken etc., ob das Vermeiden von Plastik gelungen ist. Das Überprüfen sollte mindestens eine Woche gehen!

4. Ihr könnt in der Klasse auch einen Wettbewerb machen. Beispielsweise, wem ist es gelungen, am meisten Plastikteile zu vermeiden. Oder ihr wiegt die Teile, die ihr nicht mehr mitbringen wollt – wer hat am meisten Gramm eingespart?

5. Ihr könnt auch „Plastikfreie Schule" werden:
   - *http://plastikfreieschule.de/*

6. Es lohnt sich, andere Schülerinnen und Schüler und Klassen davon zu überzeugen. Viel Erfolg!

Reformationstag – Sachliches

Am 31. Oktober begehen die evangelischen Christinnen und Christen den Reformationstag. Damit erinnern sie an den Reformator Martin Luther. Er war Mönch und Theologieprofessor. Die Überlieferung erzählt:
Martin Luther befestigt am 31. Oktober 1517 an die Schlosskirche in Wittenberg 95 Thesen. Seine kritischen Gedanken sollen die Grundlage für eine Diskussion mit anderen Kirchengelehrten bilden. In seiner Zeit ist das Anschlagen von Lehrsätzen als Bekanntgabe besonderer Gedanken in den gebildeten Kreisen üblich. So wird zu einer öffentlichen Diskussion aufgefordert. Martin Luther kritisiert in seinen Thesen die Lehre der Kirche. Damit gibt er den Anstoß zu einer Erneuerung der damaligen Kirche. Die Zeit der Veränderung der Kirche nennt man Reformationszeit. Am Ende des Wandels entsteht die evangelische Kirche.
Früh feiert man in der evangelischen Christenheit den Reformationstag. In Gottesdiensten denkt man an Martin Luther und seine besondere Lehre. In vielen Teilen Deutschlands ist der Reformationstag Feiertag. Am 31.Oktober feiern viele Menschen bei uns auch Halloween. Dieser Brauch hat nichts mit dem Reformationstag zu tun.

Beantworte die Fragen mit Hilfe des Textes:

1. Welche beiden Bräuche finden am 31. Oktober statt?

____

2. Welcher Mensch steht im Mittelpunkt des evangelischen Feiertags?

____

3. Was war er von Beruf?

____

4. Was gab den Anstoß zur Reformation?

____

5. Und was war die Folge?

____

6. Welche beiden großen christlichen Kirchen gibt es in Deutschland?

____

Reformationstag – Wissenswertes

Bibelübersetzung

Martin Luther hat heftigen Streit mit dem Kaiser und anderen Herrschern seiner Zeit. Daher verstecken ihn seine Freunde 1521 auf der Wartburg. Dort übersetzt er das Neue Testament ins Deutsche. Das Neue Testament ist ursprünglich in griechischer Sprache geschrieben. Es gibt aber auch bereits Übersetzungen in die lateinische Sprache. Die können nur die sehr gebildeten Menschen verstehen. Martin Luther will aber, dass alle Menschen die Botschaft von Gott selbst lesen und verstehen können. Deswegen ist ihm seine Übersetzung so wichtig. Er braucht dafür nur 11 Wochen. Als sie erscheint wird sie auch Septembertestament genannt. 1522 werden 3000 Exemplare gedruckt. Schnell ist diese Auflage verkauft. Es kommt zu zahlreichen Nachdrucken.

Hier siehst du das griechische Alphabet. Du merkst sofort, das Wort Alphabet stammt aus den ersten beiden Buchstaben des griechischen Alphabets. Du siehst die Großbuchstaben, Kleinbuchstaben, den Namen und wie sie im Deutschen zu lesen sind.

Das griechische Alphabet

Α	α	alpha	a
Β	β	beta	b
Γ	γ	gamma	g
Δ	δ	delta	d
Ε	ε	epsilon	e
Ζ	ζ	zeta	z
Η	η	eta	e
Θ	θ, ϑ	theta	th
Ι	ι	iota	i, j
Κ	κ	kappa	k
Λ	λ	lambda	l
Μ	μ	my	m

Ν	ν	ny	n
Ξ	ξ	xi	x
Ο	ο	omikron	o
Π	π	pi	p
Ρ	ρ	rho	r
Σ	σ, ς	sigma	s
Τ	τ	tau	t
Υ	υ	ypsilon	y
Φ	ϕ, φ	phi	ph
Χ	χ	chi	ch
Ψ	ψ	psi	ps
Ω	ω	omega	o

Aufgabe:

Schreibe nun eine kleine Nachricht mit Hilfe von griechischen Buchstaben in das Handy. Dann schau mal, ob deine Nachbarin/dein Nachbar die Nachricht versteht!

Reformationstag – Vertiefendes

Schau dir den Film an:

- evTV/EKHN: Reformation einfach erklärt (1.41 min)
  https://www.youtube.com/watch?v=rboONl7X0mA

Fülle nun die Lücken aus. Die passenden Worte findest du unten.

Der Thesenanschlag von ____________ ____________ fand im Jahr ________ statt.

Damals gab es noch keine zwei christlichen Kirchen, die ________________________ ____________ und die ________________________ ____________. Oberhaupt der damaligen einen Kirche war der __________. Der lebte in ______.

Die Kirche damals brauchte viel Geld. Sie wollte Kirchen bauen, beispielsweise den __________________.

Um Geld zu erhalten, verkaufte die Kirche ________________________. Durch diese konnte man sich oder Verwandte aus dem ___________________ freikaufen. Das störte Martin Luther. Er war ___________. Er vertraute einzig der __________. Durch sie konnte jeder direkten Kontakt zu Gott erhalten. Seine drei wichtigen Stichworte waren: __________, ____________ und ______________. Das missfiel dem Papst. Die Freunde von Luther hatten Angst um ihn. Sie versteckten ihn auf der ________________. Dort übersetzte Luther das ________ __________________. Seine Anhänger nannte man damals wie heute ______________________.

Worte für die Lücken:

Protestanten – Bibel – 1517 – Neue Testament – Mönch – Rom – Fegefeuer – Martin Luther – evangelische Kirche – Glaube – Petersdom – Gnade – katholische Kirche – Schrift – Papst – Ablassbriefe – Wartburg

Reformationstag – Kreatives

Lutherrose

Ab 1530 siegelte Martin Luther seine Schriften und Schreiben mit der Lutherrose. Ein eigenes Wappen zu führen war ein Privileg. Das durften nur der Kaiser, Herrscher und besondere Kirchenfürsten.

Die Farben und Formen der Lutherrose haben alle eine Bedeutung:

- Das dunkle Kreuz im roten Herzen soll zeigen, dass die Menschen den Glauben an den gekreuzigten Jesus fest in ihren Herzen verankern sollen.
- Die weiße Rose, die das rote Herz umschließt, ist ein Symbol dafür, dass der Glaube Trost und Frieden spendet.
- Der blaue Hintergrund hinter der weißen Rose erinnert an die himmlische Freude.
- Und der goldene Ring, der alles umfasst, zeigt die himmlische Ewigkeit bei und von Gott.

Aufgabe:

Male die Lutherrose genau nach der Beschreibung aus. Statt Gold kannst du die Farbe Gelb benutzen.

Reformationstag – Aktives

Martin Luther glaubt, dass vor Gott alle Menschen gleich sind. Es gibt kein besser oder schlechter vor Gott. Gott liebt alle Menschen, wie sie sind. Er liebt sie alle gleich. Es gibt kein mehr oder weniger. Für alle Menschen ist diese Botschaft wichtig. Daher sollen alle Menschen die Bibel lesen. Deshalb hat Martin Luther sie ins Deutsche übersetzt.

Über diese Auffassung hat Luther gerne diskutiert und gestritten. Daher hat er die 95 Thesen an die Schlosskirche zu Wittenberg genagelt. Alle Menschen sollten darüber ins Gespräch kommen.

95 Thesen musst du nicht schreiben. Aber vielleicht drei oder fünf. Wenn Gott alle Menschen gleich viel liebt, was müsste da in unserem Land, in der Stadt oder in der Schule anders werden. Überlege!

Aufgabe:

Schreibe deine Thesen auf. Diskutiere sie in der Klasse. Vielleicht gibt es Thesen, die ihr in der Schule veröffentlichen möchtet und zur Diskussion dazu einladet?

1. These: ________________________________

____

2. These: ________________________________

____

3. These: ________________________________

____

4. These: ________________________________

____

5. These: ________________________________

____

Ewigkeitssonntag – Sachliches

Der Ewigkeitssonntag wird auch Totensonntag genannt. Es ist der letzte Sonntag des Kirchenjahres. Der Ewigkeitssonntag ist ein Gedenktag für die Verstorbenen. An diesem Sonntag wird in den Gottesdiensten an die Menschen gedacht, die im letzten Jahr verstorben sind.
Ihre Namen werden vorgelesen. Dabei wird oftmals eine Kerze symbolisch für jeden verstorbenen Menschen angezündet. In den Gottesdiensten wird für die Verstorbenen und die Angehörigen gebetet. Die Hoffnung auf die Auferstehung von den Toten ist Inhalt der Predigt, der Lieder und Gebete.
Daneben finden an diesem Tag auch in den Friedhofskapellen Gottesdienste statt. Sie sind in der Regel nachmittags. Sehr viele Menschen gehen an diesem Tag auf den Friedhof zu den Gräbern der verstorbenen Angehörigen oder Freunde. Sie werden mit Gestecken, Blumen oder Kerzen geschmückt.
Der Ewigkeitssonntag ist ein staatlich geschützter „stiller Feiertag". An ihm sind öffentliche Musik- und Sportveranstaltungen nicht erlaubt. Damit soll die besondere Art des Tages bewahrt werden.

Beantworte die Fragen mit Hilfe des Textes:

1. Wie nennt man den Ewigkeitssonntag auch?

   ____

2. Welcher Sonntag folgt dem Ewigkeitssonntag?

   ____

3. Was steht im thematischen Mittelpunkt des Tages?

   ____

4. Welche symbolischen Möglichkeit gibt es, der Toten zu gedenken?

   ____

5. Warum finden auf den Friedhöfen Andachten statt?

   ____

6. Kennst du noch einen stillen Feiertag?

   ____

Ewigkeitssonntag – Wissenswertes

Namen bei Gott

Der Ewigkeitssonntag ist der letzte Sonntag des Kirchenjahres. Mit dem folgenden 1. Advent beginnt das neue Kirchenjahr. Der Ewigkeitssonntag markiert also das Jahresende. Im Gottesdienst am Ewigkeits- oder Totensonntag werden die Namen aller Verstorbenen der Gemeinde verlesen. Name für Name wird genannt. Oftmals werden auch die Altersangaben mit verlesen und gleichzeitig eine Kerze für die Verstorbenen angezündet.

Die Namen sind wichtig für Gott. Es gibt keinen Menschen auf der ganzen Welt, der keinen Namen trägt. Alle Menschen haben Namen. Niemand ist namenslos. Alle Namen haben eine Bedeutung. Der Name wird am Anfang des Lebens bei der Taufe genannt und ausgesprochen. Und auch am Ende des Lebens.

„Fürchte dich nicht, denn ich habe dich erlöst; ich habe dich bei deinem Namen gerufen; du bist mein!" (Jesaja 43,1) So heißt es in der Bibel. Gott kennt jeden Menschen bei seinem Namen. Die Menschen sind keine beliebige Nummer. Im Namen drückt sich viel aus. Auch die Persönlichkeit eines Namensträgers. Das kann man auch an den Kosenamen, Spitznamen oder besonderen Anreden erkennen.

Aufgaben:

Weißt du, was dein Name bedeutet? Schau nach.

Vorname: ______________________________

Nachname: ______________________________

Wie findest du, dass dein Name so eine Bedeutung trägt?

____

____

Hast du einen Spitznamen/Kosenamen? ______________________________

Wie kam es zu dem Namen? ______________________________

____

Gibt es einen Namen, den du besonders gern hast oder den du lieber hättest? Warum?

____

____

Im Lied „Weißt du, wie viel Sternlein stehen ..." (EG 511) heißt es über die Mücken und Fische ... „Gott der Herr rief sie beim Namen, dass sie all ins Leben kamen." Wie kommt der Lieddichter auf diese Idee?

____

____

Ewigkeitssonntag – Vertiefendes

Paulus. Das Weizenkorn – Tod als Verwandlung

Schon immer haben sich Menschen gefragt, was nach dem Tod kommt. Auch die ersten Christinnen und Christen wollten das wissen. Viele hatten die Auferstehung Jesu erlebt. Sie fragten sich: Gilt die Verheißung der Auferstehung auch für sie?

Paulus ist ein wichtiger Wortführer der ersten Christinnen und Christen. Er ist ein Apostel. Er gibt ein Beispiel. Das soll helfen zu verstehen, wie das Leben nach dem Tod sein könnte. Was Auferstehung von den Toten bedeutet.

Er benutzt das Bild vom Weizenkorn. Wenn ein Mensch stirbt, dann wird er verwandelt. Wie ein Weizenkorn.
Wenn ein Weizenkorn gesät wird, dann kommt es in die Erde. Da ist es dunkel, warm und feucht. Das verändert das Korn. Das Korn wird weich und quillt auf. Ein Keim bricht aus dem Korn hervor. Ein Keim, der wächst und lebendig ist.

Paulus sagt. So ist das mit dem Tod und der Auferstehung. Das Weizenkorn ist ein Bild für den Menschen. Er stirbt und wird beerdigt. Durch Gottes Kraft entsteht ein anderes Leben. Dieses neue Leben kennen wir als lebende Menschen nicht. Wir können es auch nicht sehen. Es bleibt ein Geheimnis.

Wenn man dem Gedanken des Paulus folgt, dann müsste man nicht sagen: Wir sterben, sondern besser: Wir werden verwandelt.

(Nach 1. Korintherbrief 15)

Aufgaben:

Was spricht dich an dem Beispiel des Weizenkorns an? Wo hast du Fragen an Paulus? Schreibe Paulus einen Brief:

____

____

____

____

____

____

Kennst du noch weitere Beispiele aus der Natur, die als Beispiel für die Auferstehung dienen könnten?

____

Wenn man die Botschaft des Paulus hört und es genau bedenkt: Ist der Ewigkeitssonntag ein trauriger oder ein fröhlicher Tag?

____

Ewigkeitssonntag – Kreatives

Wir gestalten eine Gedenkkerze – mit Alpha und Omega

Alpha und Omega sind der erste und letzte Buchstabe des griechischen Alphabets. Damit wird ganz allgemein der Anfang und das Ende bezeichnet. In der Bibel wird Jesus so genannt. Er ist Anfang und Ende. Er war schon immer da, ist immer da und wird immer da sein. Er ist alles umfassend, von Ewigkeit zu Ewigkeit.

Auf Kerzen, aber auch auf Grabsteinen wird ein Alpha und ein Omega angebracht. Das soll symbolisieren: Jesus ist Anfang und Ende allen Lebens – Er steht auch am Ende eines jeden menschlichen Lebens. Das ist die Hoffnung der Christen.

Foto: Karin Klem

Aufgabe:

Verziere eine weiße Kerze mit dem Alpha- und Omega-Symbol und einem Kreuz.

Du benötigst: eine weiße Kerze, eine Wachsplatte in rot und eine Schere oder Cuttermesser

Du kannst versuchen, aus der Platte die Symbole auszuschneiden. Vielleicht geht es aber leichter, wenn du das Wachs in deinen Händen wärmst, ausrollst und mit den langen Rollen („Schlangen") die Buchstaben und das Kreuz formst.

Ewigkeitssonntag – Aktives

Friedhofbesuch

Heute gehst du gemeinsam mit deiner Klasse auf einen Friedhof. Vielleicht ist das für dich mehr oder weniger ein unbekannter Ort. Bist du neugierig oder hast du ein mulmiges Gefühl?

Du bekommst am Eingang des Friedhofes eine Blume (Tulpe, Rose, Aster ...).

Ihr geht zu zweit oder dritt über den Friedhof. Schau dich genau um. Lies dir die Namen auf den Grabsteinen durch. Sieh dir an, wie sie gestaltet sind und die Gräber gepflegt.

Lass dir Zeit. Lege deine Blume dann auf ein Grab, das dich besonders anspricht. Überlege dir, warum es ausgerechnet dieses Grab sein soll.

Dann trefft euch wieder mit allen am Ausgangspunkt.

Aufgaben:

Welches Gefühl hattest du beim Rundgang?

Was hast du entdeckt?

Was war genau so, wie du dir das vorgestellt hast?

Was war anders, als du dir das vorgestellt hast?

Erzähle, wo du deine Blume abgelegt hast und warum da?

Hättest du sie auch gerne woanders abgelegt?

Wenn du jemandem eine Empfehlung geben solltest.
Was würdest du sagen: Soll man einen Friedhof besuchen, ja oder nein? Begründe.